精神分析という営み

―生きた空間をもとめて―

藤山 直樹 著

岩崎学術出版社

父母に

序　文

精神分析についての本といえばまず必ずフロイトが登場する。もちろんフロイトと並んでその本の著者が影響を受けた他の分析家の説もしばしば前面に出てくる。著者は自分が準拠するその分析家の学説を紹介し、出来ることならそれを批判的に解説することによって独自の立場を打ち建てたいと思うわけだ。かく言う私自身その一人だった。私が書いた精神分析についての本の一つには、その序言の冒頭に、「本書は私がフロイトと取っ組んで格闘の末に生まれた」と書いてある。きっと私は単にフロイトを受け売りする者と見られたくはなかったのだろう。もちろん私と違ってもっと素直にフロイトの説を祖述する著者達もたくさんいる。またフロイト以外の精神分析家たち、例えばエリクソンやクライン、最近ではコフート、ウィニコット、ビオンなどを主として前面に立てて自分の説を開陳する者もいる。こういう傾向は日本人の著者に特に多いような気がするが、しかし外国人の場合も根本的にはそう変らないのかもしれない。ところで本書の著者はその点が非常に違っているのが面白い。著者はのっけから症例をぶつけてくる。その症例を読者は著者とともに考え、理解し、治療に一段落がつくまでつき合うよう求められる。この構図は本書全体を貫く骨格となっているのである。

本書はこのようにかなり独特な書き方がされているが、しかし著者がフロイトをはじめ多くの分析家の著書を読んでその影響を受けたことはいうまでもない。殊にビオン、ウィニコット、オグデン、以上現代精神分析の三羽烏の影響が大きいことは、巻末の文献表の中でこの三人の著書が最も多く挙げられていることからも明らかである。中でもオグデンには余程親炙したらしく、その著書の一つ『こころのマトリックス』を彼は数年以上も前、翻訳出版している。実際、彼はオグデンを自家薬籠中のものにしたといって過言ではなかろう。例えば、オグデンの「第三の主体」「分析的第三者」の概念はオグデンの原著で読むよりも、この著者の説明を読むほうがずっとわかりやすく、含蓄があるような気さえする。しかし著者が単に新しがっているのではないことも念のため申し添えておこう。殊に治療者の中立性並びにカウチ使用に関しての著者の論考は極めて新鮮である。彼はフロイトに即しながら、ほとんどフロイトを越えている。いやフロイトを分析しているといってもよいのかもしれない。もちろんそのことを可能にする道に先鞭をつけたことにこそフロイトの最大の功績が存するのではあるが。

著者は私のことを恩師であると「あとがき」のところで紹介する。たしかに彼が精神分析に関心を向けるに至る道程で私が何らかの道しるべの役を担ったのは事実だろう。いわゆる縁というものである。彼の持ってくる症例についてスーパービジョンなるものを初めてやったのは二十年近くも前のことだが、当時のことはもうあまり記憶に残ってはいない。強いて言えば、彼があまりに患者をわかろうとし過ぎ、また説明し過ぎるという印象があったように思うが、しかし私は他の人の場合もそう感じることが多いから、特に彼についてそう感じたのではないのかもしれない。また私は常に身近に彼の存在を感じてはいたが、しかし彼に近接してその仕事振りを追っかけていたわけでもなかった。であるから今回、この序文を書くことを依頼され、本書を校正刷りの段階で読んではじめて彼がいかにこの道で長足の進歩をとげていたかを知った次第である。彼は私の後から来たかもしれないが、今や私のはるか先方を歩いている。彼の処女作である本書に序文を書くことを依頼されたのは私にとって大きな名誉であるし、それ以上にこの機会を与えられたことを私は心から感謝したいと思う。

最後に、著者自身書中に言及していることであるが、著者がかつて小さな劇団の演出家をしていたという事実について一言しておこう。このことはこの著者に独特な資質のあることを物語るものである。私は以前から精神療法はどのような形のものであれ一種の劇のようなものだと考えていて、その考えを早い時期の拙著の一つの中でのべたことがある。ところで本書の著者はその点が私以上にわかっているようだ。だからこそ彼の書く文章もまた生き生きとしてくるのだろう。彼の症例に出て来る人物は治療者を含めて患者がすべて生きている。英語にジューシ（juicy）という形容詞があるが、彼の書く文章がまさにそれである。読者はいったんこの本を読みだすと、まさに巻を措く能わずという心境になるのではないか。本書によって多くの読者が精神分析という営みにはどのような陥穽が潜み、またそれがどのような醍醐味をもたらすものであるかを知ることを願って、この序文を終る次第である。

二〇〇三年六月二十三日

土居健郎

序にかえて

この本は、私が精神分析的な実践を続けるなかで紡ぎ出してきたアイデアを綴った論文をもとにしている。それらは主に、精神分析の専門誌に掲載されたものと共著の単行本に寄稿したものである。一番古いものは十年以上前に書かれたものであり、新しいものにはごく最近のものもある。つまり私が四十歳代に書いたものであるということになる。

この本には、私の書いたもののうち、分析的な営みの本質に向けて思考しようとした試みを集めた。それはこの十年、もっとも関心を注いだ問題のひとつだった。

私が精神分析に志したのは一九八二年であり、精神科医として臨床を始めて五年目だった。早いものでそれからもう二十年がたった。その間私は、病院や大学に勤めて精神科医や教員として働きながら、平均週二十セッション程度の分析的な実践を患者もしくはクライエントともち続け、暮らしを支えてきた。私が臨床事実と分析的なアイデアを曲がりなりにも自分の言葉で書けるようになってきたのは、分析に志してから十年ほどしてからだった。それまでの私は日々の臨床のなかで、圧倒的な臨床事実の洪水に押し流されていた。その洪水にただ巻き込まれるだけでなく、その洪水をもちこたえてひとりの人間として何かを考えることができるようになるには、個人分析とスーパービジョンを中心とした訓練がぜひとも必要だった。

精神分析は人間のこころ、文化のすべての局面に目を配っている。しかし、精神分析的なアイデアはすべて、現実の精神分析的実践からあまりに遊離するとひからびてしまうという考えを、私はもっている。本来精神分析は書物のなかにあるのではない。それはカウチの周辺にこそあるのだし、あるいはそこに集うふたりの人間のこころのなかにこそあるのだろう。

＊

精神分析の実践はとても生々しい営みである。このことはどんなに強調しても強調し足りない。精神分析が知的で理論的な語らいであるとか、理論を臨床事実にあてはめてそれを解釈と称して患者もしくはクライエントに与えるものであるとかいう誤解は、世間に、そして臨床家と呼ばれる人たちのあいだにさえ満ち満ちている。それはおそらく、精神分析を営んだことのない人が精神分析について語ることが、日本の大学などでは多かったことにもよるのだろう。

ともあれ精神分析の営みは生々しいものである。そこに関わる私のこころはその営みに巻き込まれ、私であることをいくぶんか失っているとさえいえるほどのものになりうる。分析的営みのただなかで分析家は部分的に自分を失っているのである。そして同時にそれを絶えず取り戻している。絶えず失い絶えず回復するこの微妙な運動こそが、精神分析の営みのなかで、患者もしくはクライエントがきわめて独自なありかたでふたたび「生きる」ことの裏づけになっている。患者もしくはクライエントは、ある意味では分析状況のなかではじめてその人らしく生き始めるのである。つまり分析家は自分のこころと自分の人生の時間を差し出して、患者のこころが「生きる」場所をしつらえている。

そうした営みを言葉に書くということは、厳密にいえばおそらく人間の能力を超えている。自分の一部が失われているときの、より硬い言葉を使えば、自分の主体性が侵食されているときの体験を自分自身が書くということは、原理的に不可能なことだからである。精神分析の臨床事実を言葉によって表現する試みは、必ずそのような原理的不可能性につきあたる。

私の書くこの本もそうした不可能性から免れているはずはない。ただ、私は、その不可能性を無視したり、否認したりして書くことだけは避けたいと思う。「メメント・モリ」、死を忘れないことが生を際立たせ縁取るように、そうした不可能性に絶えず思いを致すことだけが、分析的な営みについての考えを書き表すことを正当なものとするのだ、と私は思う。

＊

読者の道しるべになるように、各章のアウトラインを簡単に描き出してみよう。

第一章は精神分析の「現実」を描き出そうと試みたものである。精神分析家の仕事はけっして患者の言っていることに耳を傾けて、それについて何かを考え語ることではない。分析家は患者の「言っていること」に耳を傾けているというより、「患者」自身に耳を傾けている。患者自身に向けて自分自身を差し出している。分析的設定によって現実生活から明瞭に区画され、時間と報酬をめぐる契約によって保護されているとはいえ、私たちはそのなかで危機に陥る。正確に言えば、自分の主体性を危険にさらす。この章ではそうした危機についての理解を述べてみた。

この理解は私にとって、精神分析という営みを考えたときの基礎的な視点を生み出してくれている。そうした危機とそこからの脱出の連続として私は精神分析の営みを思い描いているのである。私のスーパーバイザーであった土居健郎が「精神療法はハラハラドキドキなんだよ」と話したことがあった。分析の営みが「生きている」ということは、そうした危機が生産的なものに姿を変えることである。私たちがまっとうに分析的営みをしているということは、そうした危機に身をさらす可能性を受け入れることに他ならない。私たちはその危機をどのように生き延び、患者もしくはクライエントの進展に貢献することができるのだろうか。

そのことにまつわる私の思索は、「空間」「ゆとり」というものに向かった。クライン派の「心的空間 psychic space」やウィニコットの「可能性空間 potential space」といったアイデアに刺激を受けて、私は「空間」という視点を分析的営みを書き表すときに導入してみた。そうした試みを書き表したのが第二章であり、私がこの論文を日本精神分析学会の指定討論演題として発表したのは、一九九五年であった。それ以来、私はこのアイデアを臨床事実を語るときの鍵概念として、ときに明示的にときに暗黙のうちに用いてきた。

第三章、第四章、第五章では、さまざまな臨床的事態にのぞんで、そうした「空間」という概念を暗黙の前提としながら、危機を生き延びてその危機を生産的契機に変化させる試みを書き表そうとした。そうした「生きた交流」はどのようにして生まれるのだろうか。臨床事実をできるだけ精緻に語ることを通して、私はその問題に迫りたいと考えた。ここには自己愛、ひきこもり、スキゾイドといった臨床像が俎上にあがっているが、そうした臨床像が主題として選ばれたのは、単に私がこれらの章のもとになった原稿を頼まれたときの要請に従った場合もある。私の関心はどちらかといえば、精神分析の営みそれ自体にあった。「逆転移に利用されること」、「ものが単なるものでなくなること」、「つながることと離れることのあいだの逆説を生きること」といった、危機を生き延びるために私がこころに留めたことごとついて、形にしておきたかったのである。第六章ではとくに、エディパルとプレエディパルという、実践においてもっとも重宝がられてきた臨床事実のとらえかたについて、「空間」という補助線で何かを語りたいと試みた。この章はひょっとすると、この本のなかでもっとも理論的な章であるかもしれない。

第七章以後の章は、精神分析という営みの場を検討している。私の考える「生きた」営みとしての精神分析が展開される場として、何が本質的であるのか、という問いに向けて考えようとしたのである。第七章では、精神分析という営みをかたちづくる設定のうちでもっとも重要な「精神分析家」の機能に着目した。フロイトが分析家の機能を表現するために用いた、「平等に漂う注意」、「鏡」、「外科医」、「無意識にさし向けた受話器」といったメタファーをどのように読み取るべきか、いわゆる「中立性」として概念化されてきた分析家のありかたが「生きた」分析的営みにどのように貢献するのか、という問題は、精神分析的実践にとってけっして古くなることのない問いである。ここではフロイトの「技法論文」を再読しながら、その問いを考えてみた。第八章では、心理療法家一般にとってきわめて重要な機能であると考えられている「共感」を取り上げた。ここではそれが、逆説的にも、生き生きとした交流にとって一種の罠、陥穽としてはたらきかねないことに注意を喚起している。それは私が「臨床心理コース」の教員として臨床家の卵を教えるうちに、ぜひとも書かねばならないと感じた主題であった。

第九章と第十章は、精神分析の古典的設定であるカウチ設定とプライヴェート・プラクティス設定がもつ意義を、現在の時点から再評価しようとしたものである。こうした設定が現在の日本ではけっして一般的でないことは、私も承知している。それにもかかわらずこの問題に取り組もうとしたのは、そうした設定を真剣に吟味しないかぎり、精神分析というプロジェクトがもつ本質的な意義が見失われてしまうのではないか、と私が危惧しているからである。私はどちらの設定においても、その中核には、ある種の逆説が含みこまれていることを抽出することができた。精神分析の基礎にあるこの逆説の生み出す力こそ、分析的な営みのもつ生産性の根拠となるものであるように私には思える。

この本にはいままでに発表した論文をもとにしている章が多いが、全体のバランスを考える必要があったり、私の考えが最初の執筆の時点と比べて変化している部分を修正したりしたために、すべての論文が元の形といくぶんか変わっていることをお断りしておく。

この本には一五人の患者が登場している。同じ患者もしくはクライエントが登場して別の角度から検討されている複数の章があるのも、もともとそれらを違った論文として発表したことによるものである。ふたりの患者についての素材がそれぞれ二回登場し、別の視点からの検討を加えられている。この本をまとめるとき、それらふたりの同じ患者が二回登場することを避ける工夫をしようと考えたのだが果たせなかった。そうなると、二度目に登場するときにもう素材そのものは書かずに、前に書いたところを読んでくださいと書いておく、という方法もあるだろうと思った。だが、読みやすさを考えると、重複を恐れずもう一度登場してもらう方がいいという結論に達した。秘密保持のために素材の詳細が相当に加工されていることはいうまでもない。

＊

さらに、セラピーを受けるユーザーをどのように呼ぶのか、ということも最後まで私の頭を悩ませた問題であった。一般的にいって、「患者」が精神医療で使われる言葉であり、「クライエント」が心理臨床で使われる言葉である。私は自分のオフィスで実践しているとき、精神医療や心理臨床というよりもむしろ精神分析的実践をやっている、という意識をもっている。だから、この本で臨床素材として検討された実践がすべて狭い意味の精神分析（週四回以上のカウチ設定の実践）であれば「被分析者」という言葉がもっともいいのだろうが、そうとは限らないので、考えなくてはならなくなるのである。「被治療者」という言葉は日本語にはない。一方、欧米の精神分析の論文や書物は、たとえ著者である分析家が医師でなくても、「患者」という言葉を多用してきたという事実がある。ここではその伝統にしたがって、主に「患者」を使い、ときに「患者もしくはクライエント」という表現も用いることにした。したがって、ここで「患者」と呼ばれている人たちが記述的な意味で何かの精神医学的疾患を患っているとは限らないことをお断りしておく。

*

繰り返しになるが、言葉というものは、精神分析のような営みを記述するとき、本質的には無力である。この本におさめられている論文を書きながら、私は何度そのことを思ったかわからない。

しかしそれでも、と私は思う。私たちは書くべきなのだ、と。私は精神分析的な方向での訓練を受け始めた人たちにも、書くこととそれを発表することを強く勧めている。最初に書いたように私は十年間書けなかった。臨床事実をその生気とリアリティをできるだけ保持したまま書き記し、それについての思考を言葉で書きつけることは、治療者としての成熟とけっして無縁ではないと考えている。そしてそうした試みがつねに誰かによって続けられなければ、精神分析という文化は痩せ衰えていくだろう。

精神分析という文化を維持することは、このようにある種の矛盾をはらんでいる。矛盾という言葉を逆説と言い換えていいだろう。繰り返しになるが、精神分析とはある種の逆説を時間をこえて生き抜くことなのだと私は考えている。

目次

第一章　「私」の危機としての分析的営み

「恐ろしい『それ』」――「私」の危機と現実の危機

私たちはこころの臨床の営みのなかで、まれならず言葉では表現しがたい「恐ろしさ」に遭遇する。「それ」は語ることができない、とらえどころのない、不合理な何かである。不合理なものの常としてしばしば、「それ」は唐突に私たちの眼前に表れ、私たちの意識を占領する。その唐突さとそれが見知らぬものであることが、私たちのなかに恐怖を引き起こし、私たちはなすすべなく立ちつくす。それは夏の叢から突然に牙を剥き出して躍り出る毒蛇のようである。一点の曇りもない輝かしい空がみるみるうちに暗くなったとたん、稲光とともにほとばしり出る驟雨のようである。

思い起こせば、まだ精神分析的な訓練を受けはじめておらず、普通の精神科臨床の枠組みのなかでしか仕事をしていなかった頃から、「それ」は何度となく私にふりかかってきた。淡々と一般外来で会っていた女性の患者が突然、どこでどう調べたのか、私のアパートを突然訪ねて来たときの、凍りつくような恐怖の感触は忘れられない。重い幻覚妄想のなかにいながらも、唯一私には信頼を寄せていると感じられていた入院中の医学生が病棟からいなくなったとき、私への置手紙に若い医師である私への羨望と殺意とを見出したときの衝撃も、いまでもある種の嘔気のような生々しさを帯びている。

私にとってこころの臨床を営むということは、人間というものが「恐ろしい『それ』」として不意に躍り出てくるという、圧倒的な事実に開かれるということでもあったのである。

臨床を始めて五年後に、私は精神分析の勉強を始めた。セミナーで教えられ、本を読めば、絶えず転移と逆転移の話が出てくる。私にとって、転移というものがあること、それが私たちの治療場面や日常生活に絶えず現れ出てきていることは、理屈のうえではごく当然のことのように思えた。転移という現象や概念について、私は知的にはまったく違和感をもたなかった。精神分析とは、本来は患者の内部や過去に起源をもちながらも転移という形で「いまここで」具現している事態をめぐる営みなのだ。私は患者と自分とのあいだに起きていることを理解する鍵を手に入れたと感じた。

だがそれは、いま考えてみると、転移や逆転移を理解しているということとは本質的に違っていた気がする。私は教わったとおり、治療場面で転移と思われるものを言葉でとりあげ、それを患者の人生の歴史や早期の人間関係に結びつけてみたつもりであった。だが、そのことはそう簡単に患者を動かさない気がした。そうした本やセミナーで前提とされているのは、転移が白地の「スクリーン」としての私‐治療者の上に投げかけられ、それを私が読み取る、という体験のされかたであった。少なくとも私にはそう受け取られていた。それは、私たちが患者のふるまい、態度、話しかた、話す内容を観察することから、患者の転移を読み取ることができる、という見解である。

そのような前提に立つとき、転移はあくまでも「ひとごと」である。したがって、私にとってそのように体験される転移というものと、私がときどき体験している「恐ろしい『それ』」とが私のなかでつながることはなかった。なぜなら、その恐ろしい「それ」はけっして「ひとごと」でない、圧倒的で直接的な危険であったからである。「それ」は「観察」したり、「読み取り」したりすることが不可能な、形をなさない何かであった。いったん起きてしま

＊

うと、そのときにはもう、どうしようもないほどに自分がそれにからめとられ、巻き込まれ、囚われとなっていることが自明のことになってしまっているのだ。

私は、転移（そしてそれに照応する逆転移）と「恐ろしい『それ』」をつなげることができなかった。教科書のなかに納得のいく理論として、満ち足りた整合的なたたずまいで置かれているそうした概念と、私の前に異形として出現する「それ」とは、まったく別世界のできごとのように感じられていた。

「恐ろしい『それ』」は私を襲うことをやめなかった。その後は患者が突然私の家に来るようなことはなかったが、「それ」は面接室のなかにたしかに出現した。たとえば、うまくいっていると感じていた患者が急に治療をやめたいと言いだしたり、突然に私に理不尽な怒りを向けたり、ふと唐突に自分自身この治療がいったい何のためのものか思い描けなくなったりするようなときが「それ」なのだった。そのようなとき私はちょうど、家に来た女性患者のノックの音を聞いたときのように、医学生の置手紙に殺意を見出したときのように、どう考えていいのか分からない、しかし、こうなるしかなかったのだ、そして自分はこのまま何かをやりつづけているしかないのだ、という感覚に囚われるのだった。それはあまりにも予期を超えたことである半面、どうしようもないほどに必然的な抗いがたい事実として体験されてもいた。

私が精神分析に志してすぐの頃の臨床経験を挙げてみよう。

症例《スローモーション》

ひきこもりが問題だった男性の外来での治療が二年たった頃、セラピーは幸福な終結の予感を漂わせていると感じられていた。ところが彼は突然、私との面接のなかでここ一年ほど前から語られてきた、両親への罪悪感、自分の人生に対する悲しみ、そしてそれがもたらす落ち込みを、私から植え込まれたものだ、と主張するようになった。私は驚いた。ともにした二年間の成果があとかたもなく否認されることに対して、私は納得がいかなかった。彼はあれほど落ち着き、就職をひかえ、ふたたびふつうの人生への道を歩み始めていたはずではなかったか。あれほど困難な一時期を彼は越えたはずだ。あの変化は「本物」なのであって、現在の状態は一過性の反応なのだ。そのように私は考えていた。というより、考えたかった。しかしやがて彼は、この治療自体が失敗であり、私が一年半のあいだ彼を操り、だましていたのだ、と主張し、私が反省しないのなら殴る、と言いはじめた。

その頃のある面接で、やはり彼はそうした発言を繰り返していた。夏になったばかりのことで冷房が入っておらず、暑苦しかった。彼は私に執拗に言い募っていた。私はあまり自分がいらだっていないことが不思議だった。と、突然彼は立ち上がった。私は、いったい彼は何を始めるのだろう、窓でも開けるのだろうか、と考えていた。しかし彼は窓の方ではなく、私に近づいてきた。彼が拳を振り上げるのが見えた。それはスローモーションのようにゆっくりと私に近づいてきた。それを見ながら私は、あ、そうか、殴られるのか、なるほど、と思っていた。いまでも私は、彼の拳が自分の顔にゆっくりと近づいてくる瞬間を生々しく思い出せる。それは奇妙な静寂のなかの止まってしまったような時間であった。殴られた痛みを私は記憶していない。記憶しているのは、殴られて崩れ落ちた直後に、周囲のざわめきとともにひしめくように自分に押し寄せてきた圧倒的な恐怖である。

私はあの瞬間、なぜそれほどまでに恐ろしかったのだろうか。

普通に考えれば、彼から殴られる前のほうが怖いはずである。私を殴った後、彼は肩で息をつきながら呆然として いた。彼もまたこの顛末が信じられないらしかった。彼はそれ以上私に暴力をふるえる状態ではなかった。現実の危険の可能性は殴られる前にこそ高く、殴られてからはおさまっていた。しかし私は殴られる前、恐怖を感じていなかった。彼が自分を殴るぞといって脅しているということは面接記録に書いてもいたのだから、その事実を私が「知って」いたことは間違いない。だが私は同時に「知らなかった」。少なくともその危険を私は考えることができなかった。しかし、奇妙なことに私は殴られることを「知って」もいた。その証拠に彼の拳が振り上げられるのをみたとき、それは私にとってまったく意外なことではなかったのだ。それは必然的な事実のようにも体験されていたのである。私は危険を認知していた。しかし、私はそのことについて「考えること」ができない、なすがままになる無力な私であった。その構えは、拳が自分にむかっているときの傍観者のような私の感覚によく表現されている。この「恐ろしいこと」は、考えることのできる形が与えられていなかった。現実の危険が去ってはじめて、それは考えられる形をもち、私は恐怖を恐怖として体験しはじめた。

いまふりかえってみると、彼が短期間になぜそれほどに「改善した」のか、私はそのことを考えることができていなかった。彼と私とのあいだの交流の何が彼を動かしたのか、私は吟味していなかった。彼がいうように、「無理に罪悪感を植え付けた」可能性、ひいては私が彼の両親のように彼を「乗っ取った」と体験されている可能性について、私はあまりに無自覚であった。たしかに治療を始める前の彼の状態は大変荒れていた。「なぜあれほど重症の状態がこれほど短期間に改善したのだろう？」そういう当然の疑問について、私は表面的にしか考えられていなかった。彼が一年前、ボクシングを習いに行きはじめたときも、これから社会に出るための自信をつけたいから、という彼の発言を私は鵜呑みにしていた。だが、彼はまさに私を殴るために、少なくとも無意識的にはそのためにそれを選択したに違いなかった。

考えてみると、たしかに私はいつのまにか彼の両親そのものになっていたのかもしれない。私は彼を「乗っ取っていた」のかもしれない。この二年の彼の変化は急激で、私が彼に強力な力を及ぼしていたことは、間違いないことのようにも思える。しかし、私はそのことに奇妙に無自覚であり、彼の変化を単に「治療的成果」だと解釈していた。彼の実際の両親は、どちらかというと弱弱しい印象の人たちで、「私たちは普通の親と違うことはしていないはずですが」と語っていた。彼はそのことを「嘘だ」と絶えず怒っていたのだが、自分が彼に及ぼす力を否認し言い逃れをするという側面でも、私はまさに両親そのものとして彼に体験されていたのかもしれない。私の一部は知らないうちにまさに彼の内的な両親に「なって」おり、私はそのことを知らないのだった。

私が恐ろしかったのは、殴られることが怖かったからではない。私が「考えることのできない」「私」であることを知ったことが恐ろしかったのだ。何も「知らない」「私」だったことが怖かったのだ。

この私の体験した「恐ろしい『それ』」が意味するのは、患者と私が治療のなかでいつしかつながり、抜き差しならない間柄を構築していたということ、そして同時に、私が考えることのできる存在としての「私」を失っていた、ということである。転移／逆転移はそのつながりを生み出す基礎にあった。いいかえれば、転移／逆転移は「恐ろしい『それ』」として、何よりも私が主体としての「私」の存在を脅かされることとして立ち現れたのである。精神分析が教えるように、臨床の営みには転移が必然的に出現し、そして逆転移が転移の必然的結果であるとすれば、臨床の営みは絶えず「恐ろしい『それ』」の出現の危険をともなっているのである。

この事態のなかで、患者とつながった「私」の一部は「私」の他の部分から隔てられる。その「私」の一部の生み出す体験は、もはや私の生み出す体験ではない。私が体験した「恐ろしい『それ』」とは、自分の一部を失う恐怖である。病棟のなかで《スローモーション》の彼と融合するといってよいほどにつながっていた「私」は、私にとって、ここに記述した「危機」を通してしか出会うことのできない他者になっていたといえるであろう。彼が私に「乗っ取られて」いたように、私も「私」の一部を彼に乗っ取られていたのである。

＊

このことはもうすこし理論的な言葉で記述することもできる。クライン派によって最初に導入された投影同一化という概念がある（Bion 1962a, Klein 1946, Ogden 1986b）。それは幼児期のこころに備わっている他者のこころの世界に自分のこころの世界を重ね合わせるメカニズム、そしてそのような事態を生み出すような対人過程を含んでいる。投影が単に自分のこころの内容を他者に投げかけること（自分の怒りを他者に投影して「他者が怒っている」と知覚すること）であるのに対し、投影同一化は他者のなかに自分の心的体験を押し込み、自分の体験をその他者自身の体験として他者に体験させる過程である。患者の怒りを投影された他者（治療者）は自分自身も怒りを覚え、患者の怒りそのものを身をもって体験することを余儀なくされる。

この投影同一化という観点から見ると、私がここで着目している危機は、投影同一化を上述のように語るときに語られない側面、すなわち余白の部分に相当するであろう。つまり、患者のこころを押し込まれた投影同一化の受け手の側が、それを押し込まれた代価として払う「自分のこころの空間の狭隘化」という側面である。こころの空間が狭められることによって、受け手（治療者）は自分の心的内容をさまざまな視点からみる自由を失う。それは身動きのできない感覚として受け手に体験されることもある。しかし、それよりも深刻なのは、自分が相手に乗っ取られているということに気づかない場合である。そのとき治療者は、患者の幻想のなかの対象の一部として自分が扱われているだけでなく、自分自身をそうした対象として心的に体験しており、実際そのようにふるまっているが、そのことにまったく無自覚である。それでもまだ何とか、身動きのできない感覚、ある種の閉塞感が感じられていれば、その感覚を注意深くまさぐることを通して、治療者は自分の「私」が乗っ取られている事態を感知することができる。しかし、治療者が患者のこころの一部を自分のものとして体験する程度が強いほど（同一化が徹底的であるほど）事態はひとつの必然、もしくは「事実」として感じられる。それは、事実というものが抗いがたいのと同じほどに抗いがたいものとして体験されるのである。私は《スローモーション》の彼の内的両親を押し込まれ、それに同一化し、内的両親にほとんど「なって」しまっていた。私が「私」としてその事態を理解できる余地はほとんどなかったのである。

私の考えでは、このような徹底的な「私」の乗っ取りは長く続かない。このような徹底的な「私」の乗っ取りが起きると、そこに現実的な危機が生み出され、治療者（投影同一化の受け手）は「私」の危機の存在を感知することになる。この患者の場合でも、ひそかな「私」の危機は、彼に殴られるというあからさまな具体的危機の形を通してしかそれと知られることがなかった。そしてその危機を介して、私は個人としての「私」がどのように彼とつながり、かかわっていたのか、思いめぐらす機会の端緒を与えられた。それは「私」の一部がもう一度私とつながりをもつために必要なできごとであったといえるのかもしれない。つまり、「私」の危機はつねに「私」の再建の契機を内包しているのである。《スローモーション》の患者の場合、その危機を介さなければ、私が彼の重篤な病理をそれと知ることはできなかったのである。

分析の営みで生じる事態を、「私」の危機という形であらわれるふたりの個人の交わりという極と、「私」の再建という極とのふたつの極を揺れ動く、力動的事態として認識することが重要である、と私は考えるようになった。そして、そうした揺れ動きは、治療者側の体験としてだけあるのではなく、同時に患者の側の体験の揺れ動きとしても存在していることをこころに留めておく必要がある。おそらく、そのふたりの体験の揺れ動きの位相には、微妙なずれが存在しよう。危機と再建とが微妙にずれながら繰り返されているわけである。そのずれ、つまりふたりの「私」体験（主体性の程度と質）のあいだに横たわる差異、もしくは空間こそ、治療というものが何かを生み出し創造する、母体なのであろう。どちらかがほんのわずか早く「私」を失い、ほんのわずか早く「私」を取り戻すことのなかから、何かが生まれるのである。その差異（もしくは空間）には、自分のとは異なったありかたの「私」体験の萌芽がはらまれているからである。

ひそやかな「私」の危機

さて、このような形の交わり、すなわち主体性の侵食をともなう交流が現れるのは、例外的な重症の患者だけなのだろうか。私が訓練を受けはじめた頃考えていたように、転移を「ひとごと」として「読み取り」うるような患者がほとんどで、転移が治療者の「私」の危機として現れる患者は例外的なのだろうか。私の経験した臨床的事実からみて、たとえよい機能をもつ神経症的な患者であっても、転移／逆転移が治療者にとって「ひとごと」でない（「私」の危機として体験されるような）局面が一時的にせよ存在する、と私は考えている。

そうしたことを教えてくれたひとりの患者をあげよう。

症例《物語》

彼女は整然とした話しぶりをする高学歴の独身女性で、経済的には自活していた。彼女はけっして感情閉鎖的でなく、むしろ感情のこもった語り口をもっていた。抑うつと激しい感情の突出のエピソードを経験したことをきっかけに、治療に入ることになった。しかし、治療面接に入ったときには、彼女はすでに通常の仕事もこなしていて、彼女の生活ぶりには顕在的な問題がないかに見えた。それにもかかわらず、彼女は自分で治療費を払って私のもとに通いつづけた（彼女は大企業に勤めていたが、経済的にはそれほど余裕があるわけでもなかった）。

最初の一年ほど、彼女の治療ではつぎつぎと新しい「発見」があった。解釈を与えると彼女はすぐにそれを鵜呑みにするようなことはなく、いろいろと吟味し、その後にある理解が実感的に生まれるようにみえた。したがって彼女はそうした「発見」をつなぎあわせて、次第にひとつの物語、彼女の人生の物語を生み出していった。それは、ある意味でわかりやすい、きわめて腑に落ちる物語であった。つまり「両親の不和と、それに気をもみながらその事態を救おうとする少女」にまつわる物語であった。

この一見順調にみえる治療の展開にもかかわらず、彼女にとって当面の治療動機である「手の震え」はおさまらなかった。しかし彼女は通いつづけた。一年半ほどたってようやく私は、何かがまずいのだ、と感じた。何か大切なことを私と彼女が見落としていて触れていない、ということをとるにたらない症状を持続させることで彼女が私に教えているのだ。というのは、彼女が相当の料金と時間の代価を払ってまで求めるものが、些細な症状からの解放だけだとはとても信じられなかったからである。ある日私は、そうしたことを彼女に伝えてみた。だが、それは何ももたらさなかった。このとき私は、それまでの治療を振り返ってみて、私が話したことが彼女を揺さぶったことはなく、彼女の物語にだけ影響を与えていたのでないか、と思い知らされた。

私と彼女の対話はすべて、彼女の「物語」を強化するために吸収されていたのだった。とはいえ、私は面接中にそう感じることはなかった。面接は「うまくいっていた」。面接後に記録をまとめると、面接はいつもとても思い出しやすかった。というより思い出しやすすぎた。その思い出しやすさは、その「物語」という文脈ですべてが整理されていたからであった。発見したり創造したりする感覚はどこにもなく、すべてはすべすべと整合的で、反面手ごたえのない物語だった。毎回記録をまとめるときになってようやく、私はその面接が「いきいきしていない」ことをときおり感じるのだった。

その次のセッションで私は初めて、ここでひとつの「物語」に私と彼女が隷属し、搾取されているようで、その結果、ふたりの人間としての彼女と私がここで現実に会っている気がしない、という感覚を面接中も体験した。そこで私は、彼女と私で何かを作り上げているような気がしていたけれど、気づいてみれば、そのできあがった「物語」のために彼女と私が本当に触れ合えていない感じがする、彼女と私はその「物語」を通してしか関係がもてないし、その関係もいきいきとしていない、結局それは、彼女と私との関係をまるで死んだものにしているみたいだ、と彼女に伝えた。やがて彼女は話し出したが、その連想は「物語」に吸収されなかった。

その後の何回かのセッションを経て、彼女は次第に、自分の人生が「死んでいる」ことに言及しはじめた。そして同時に、父親と母親とが生み出したひとりっ子の自分が父親と母親とを決定的に不和にし、そして実質的に夫婦関係を「死んだ」ものにした、という強烈な罪悪感に関係した多くの想起を連想するようになった。それは、両親はいきいきとした性愛を楽しめず、不幸であるのに、自分がその関係を維持させている、という罪悪感でもあった。私と彼女が触れ合える感覚は次第に回復されていった。彼女がそれなりの魅力をもつ女性であるのに、性愛の世界をまったく話してこなかったことの不思議さを、私はようやく実感した。

ここには《スローモーション》の場合のようなあからさまな危機はない。面接室の外にも危機は溢れ出していない。

私と彼女はごく穏やかに心理療法的な関係を育んでいた。しかしその一方で、面接室のなかでひそやかな「私」の危機が治療を侵食していたこともまた事実である。私と彼女はまったく無自覚にひとつの筋書きに参加していることが見て取れるだろう。その筋書きは、彼女のこころのなかの、彼女と両親との関係をなぞっている。

私と彼女と私たちが治療のなかで生み出した物語との三者は、彼女の内的な対象世界における父親と母親と彼らの子どもである彼女との三者のありようを再演していたといえるであろう。自分が両親の関係を「殺してしまった」存在なのに、当の自分の存在こそが両親をつなぎとめるものとして機能し、両親の不幸な「死んだ」関係を維持させてきた、という心的現実こそ、治療者の私が触れて理解することを彼女が無意識のうちに強烈に望み、かつ強烈に恐れていたものであった。その心的現実を彼女は自らに語ることもできなかったし、たとえば夢の形で主体的に体験することもできなかった。そのかわり彼女と私は、治療状況のなかで彼女の両親になった。私たちは象徴的に交わり、象徴的な子どもとして「物語」を生み出した。彼女と私は、彼女の心的現実を具現したのである。

しかし、ここにかかわっている象徴性は、本来の意味での象徴性の水準には達していない。象徴（私と彼女とが生み出した物語）と象徴されるもの（両親の生み出した子どもとしての彼女）とのあいだを理解し解釈する「私」を、私も彼女ももてなかった。したがって、象徴と象徴されるものとの距離はせばめられ、「物語」はほとんど子どもとしての彼女そのものとなった。彼女が両親の交わりを殺したのと同様、「物語」は私と彼女の関係を実際に「死んだ」ものにしたのである。

この危機は、私が彼女よりわずかに早く、そこに再演されているものを考えること理解することのできる「私」を回復したことを通して乗り越えられた。いずれにせよ、彼女のようなきわめて正常度の高い患者においても、治療者と患者の「私」は危機に陥る。そうした患者においては、かすかにしか感じられない「治療空間がいきいきしていない」という感覚、ある種の手応えのなさ、漠然と感じる徒労感や不毛感、料金の支払いのちょっとした遅れのような形でおきる治療の無意味さへの患者の反応、といったものを媒介にしてしか、その危機を認識することは困難である。しかし、治療者がその危機を感知し、その意味を理解することに成功するなら、患者は象徴を用いた交流のなかで進展することが可能になる。というより、治療者がそれに成功しないかぎり、患者の役に立つことはできないだろう。

危機が何かを生み出すために――空間への着目

ここまででは重要な点が語られていない。「私」の危機が治療にとって本質的なものだとしても、症例《スローモーション》のようにその危機が結局治療の危機に波及し治療が実を結ばない場合と、症例《物語》のように危機が何かを生み出しうる場合とがあるのはなぜだろうか。うまくいくための条件は何だろうか。これが実践の場面を考えるときに重要であることはいうまでもない。

こうした条件をすべて取りつくすことはできそうもない。そのようなことはおそらく、私たちが人間であるかぎり、原理的にできないことではないだろうか。私たちはただ、そうした条件のいくつかの側面を切り取ることができるだけである。第一に考えるべき問題は、相互交流にかかわる治療者の機能であろう。それは一言でいえば、治療状況の外側に溢れ出すような現実の危機の可能性を認識し、治療場面のなかの「私」の危機として押しとどめるための努力と、治療状況のなかで危機に陥っている「私」を回復させるための努力である。

そのようなことを考えるうえで私が着目したいのは、患者と治療者の「こころの空間」というものの治療へのあらわれである。すでに述べたように、治療者の「私」の危機は、身動きのできないような窮屈さの感覚をしばしば伴う。私たちはその時、視点を自由にもつことができず、そのため、心的事象を別の方向から見ることができない。危機は必然として、まさにひとつの事実として剥き出しに存在している。私たちは解釈や理解や思索の機能を奪い取られている。このことは象徴機能を用いることができないと言い換えることもできる。私たちは、象徴と象徴されるもののあいだの空間を遊ぶことができない。そのとき、すべてのものはそのもの自体である。ある文脈から、ある視点からものごとを見たり考えたりすることができなくなる。私たちは何かに自分で意味を付与する自由を失っているのである。

逆に「私」の危機から回復したとき、私たちはものごとに別の「角度」、別の「視点」、別の「展望」をもつことができる。角度、視点、展望という言葉が空間的な意味合いをまとっていることはいうまでもない。つまり、私たちが治療のなかで「私」の危機を越えたときに、私たちは何らかの空間が生まれたという感覚的体験を暗黙のうちにもつのである。おそらくそのとき、私たちのこころの空間はかなりの程度回復したのである。ある種のゆとり、ある種の自由さとして、私たちはこころの空間のひろがりの増大を体験しているのである。

私が多くの臨床経験とスーパービジョン経験のなかで気づいた重要な点は、このような感覚を通して感知される治療者のこころの空間の性質が患者のこころの空間の性質とつながりがあるということである。治療者のこころの空間が拡大し、より豊かに事物をとらえることができるとき、すなわち、さまざまな角度と視点と展望からものを見て考えられるようになったとき、患者もまた、こころの空間を拡大していることが多いのである。

言い換えると、「私」の危機のさなかの治療者には、患者のこころのなかの筋書きを読み取ること、理解することが難しい。そのようなとき、治療者は自分がどのような筋書きのなかにはまりこんでいるのかを知ることができない。

私たちは何らかの雰囲気や治療全体の布置から漠然と醸し出されてくる空間の感覚を手づるにして、自分が危機に陥っていることを感覚的に認識するしかない。

次の章で、私はこの空間という視点についてさらに掘り下げてみたいと思う。

＊

《スローモーション》の彼は私に大きな宿題を残した。私の分析的な臨床への取り組みは、今考えると彼をはじめ何人かの患者が私に残した宿題を、長いあいだにわたって取り組んでいたようなものだったのかもしれない。この二十年間私は、あたりが暗くなる頃まで教室に残されて前の日の宿題をやらされている子どもだったらしい。宿題はまだ残っている。

私は「恐ろしい『それ』」、「私」の危機をもちこたえ、患者の役に立つことができるのだろうか。

私は自分がその宿題に取り組んできてたどりついたものを、この書物にとりあえずまとめて提出しようとしているのである。

＊

この章で提起した論点は以下のようにまとめられるだろう。

精神分析の営みは、ひとりの患者という固有の心的世界（歴史と対象世界）をもつ他者との出会いのなかでくりひろげられる心的事態である。そして、そこには、たとえどんなに患者の病理が軽いものであれ、患者と治療者にとっての主体性、「私」の危機をともなう側面が、かすかにではあってても必然的に含まれている。いいかえれば、他者と出会うことには、自分を失うという側面が必ずあるのである。「私」の危機とその再建とのあいだの揺れ動きは現実的な危機を生む可能性もあるが、その揺れ動きこそ、分析的な営みがもつ生産性の根源である。それが生産的なものとなるには、物を考えること自体が難しい「私」の危機の局面において、治療における空間の感覚に着目することに意義があるだろう。

第二章　こころの空間、治療の空間

窓のない部屋があるように
心の世界には部屋のない窓がある
（田村隆一「Nu」）

空間についてのいくつかの断章

私たちは一方で、精神療法が形をもたないものだ、という考えをもっている。こころというものにしても、物理的な意味での形や大きさをもつものだ、とは誰も考えないだろう。

とはいえ、私たちは精神療法を考えるとき、精神療法で起きていることやその営みのさなかにあるこころを、私たちのこころのなかでイメージすることから逃れることはできない。でなければ、技法論は原理的に不可能になるだろう。そのとき、こころは広がりや場所をもつものとして思い描かれることになる。したがって私たちは、形や大きさのないもののイメージ、という自己矛盾を抱えながら、精神療法の営みをイメージするしかない。そしていったんイメージが浮かべられたとき、その精神療法イメージやこころのイメージにはある場所、あるスペース、ある広がりという性質がつきまとう。つまり私たちは、精神療法の営みやそこに含まれるこころを、位置と広がりをもつ空間的な何かとして思い描くしかないのである。

ここで考えておくべきことは、私たちがそれをどう思い描いているのかは、私たちがそれを意識していないときにも、私たちの治療に影を落としているだろうということである。

＊

私が精神分析的な訓練を始めた頃、精神療法は「キャッチボール」だ、という言葉を誰かから教えられた。私は、ある広がりをもつふたつのこころという実体がひとつの直線の両端に位置し、思考や情緒をおもに言葉の形で投げ合い、その言葉や情緒が患者のこころの内部に達してゆき、そのことによってこころの中身が変わってゆく、というイメージで精神療法を思い描いていた。おそらくカウチを使った治療をもとに訓練されていれば、最初からそのようなイメージは生まれにくかっただろう。対面法の実践の場合、とりわけそのようなイメージが描かれる可能性があるだろう。

その一方で、初心者の私はソファを九十度に置いて治療をすることをどこかで勧められた。私のまわりの先輩もたしかにそうしているようだった。誰かに、それはなぜか、と尋ねた気もするのだが、なるほどと腑に落ちる答えが得られた記憶はない。

先程述べたような治療イメージを抱いている場合、ソファがなぜ九十度の角度で置かれるのか、わかりにくくなる。九十度対面法で面接が行われているとき、治療者と患者の視線がまともに向き合うことはまれである。ふたつの視線はときおり空中で交差して、交点Xを作る。それはあたかもふたりが、空中に浮かぶひとつの同じもの、Xをみているかのようである。私は、患者がソファのうえでよい仕事をしているときに、ふたりともゆっくりソファにくつろいで、互いを見つめ合わないで、視線を交差させていることが多いことに気づいた。

ここで精神分析の歴史をまたふりかえれば、個人の内部を解明してゆく、無意識を意識に変えてゆく、という精神分析の営みは、転移概念が見出されてからその様相を変えたことに気づく。「転移という広場を患者に許す」とフロイトが書いたように（Freud, S. 1914）、それは治療状況に空間的広がりを導入した。

このことはつぎのような表現で記述できるかもしれない。患者Pと治療者Tを結ぶ直線からすこしはずれたところに、治療者ダッシュ（T´）としての転移対象（それは治療者であって治療者でなく、母親（父親）であって母親（父親）でもない）の三者が、三角形ＰＴT´を作りだす。古典的な神経症患者の治療では、この三角形を維持しながら、転移を解釈することで治療が展開するとされた。

あるとき、なぜソファを九十度に置くのだろう、と考えていると、この三角形の空間ＰＴT´がおそらく先程述べた治療設定のなかの、患者と治療者とそしてその二人の視線の交わるところの三点によって作られる三角形の空間ＰＴＸと照応しているのではないか、という考えがひらめいた。空間ＰＴT´はこころのなかにこころによって抱かれているイメージであり、空間ＰＴＸは現実の面接室のなかの空間である。そのふたつの空間が内的関連をもつこと、そして切り離しがたい移行性をもって患者と私に体験されていることを私は直観的に悟った。

治療者と患者の相互作用（転移と逆転移）はこうした視点からみると、単にふたりだけの相互作用ではない。そこに第三者Ｘがふたりによって発見され、創造されるのである。精神分析的状況のなかで生まれた治療者と患者のふたり以外の他者（たとえば患者の両親）が影を投げ、ふたりを照らし出し、ふたりを媒介している。他者はそのとき、「いまここ」に甦る。そして、この他者とソファに座るふたりの個人とを結ぶ境界線の内側に、ある広がりが抱えられる。このありさまのなかに、実は精神分析的な治療の本質が隠喩されていることを、私は感じる。つまりこの観点からみると、精神療法は単なるキャッチボールではなく、ふたりで一緒に何かをみたり、ふたりのあいだの空間に何かを抱いたり、棲み込ませたりすることなのである。

＊

このような空間がウィニコットが可能性空間 potential space と呼んだものに近いことはすぐに理解されるであろう。この概念は彼の理論のなかでもきわめて重要な位置を占めているものであるが、独特のとらえどころのなさを帯びている。それは、遊ぶこと、文化的体験の生まれる場所であり、移行現象の起きる場所であり、ME と NOT ME のあいだにある場所であり、私たちが「生きている」場所である。たとえばオグデンのように、空想と現実が弁証法的対話を営む場所とか、象徴と象徴されるものとのあいだの空間とかいうように概念化することもできよう（Ogden 1982）。成熟した転移現象は、リアルでありながらそれそのものでもない、外的であって内的でもある転移対象をはらむ空間のなかのできごとだという意味で、ひとつの遊びであり、移行現象なのである。

一方、クライン派とくにビオンは、投影同一化をとおして行われるコンテイニングの過程において、コンテナー／コンテインドという概念と関連して空間の生成を考えた（Bion 1962a）。スィーガルはそのようにして生成された空間を心的空間として定義し、そしてそのなかで第三者が必然的に生成されることを論じている（Segal 1991）。そのとき彼女は、この心的空間という概念がウィニコットの可能性空間と異なるものであることを頑ななまでに強調している。

このような理論的対立を安易に否認することは危険である。だが、臨床事実の側からみると、個人が可能性空間を生成できることは象徴をいきいきと使えることであり、そのようになったときスィーガルのいう心的空間をその個人が保持しえることもまた確かである。ウィニコットの思考とビオンの思考がともに、心的な内容を抱える場所の起源を母親と乳児のあいだに求めたことは、母親‐乳児カップルを分析的な営みのなかにある患者‐治療者カップルの原型だと考えたときにきわめて示唆的である。

＊

思考、感情、空想、不安といった心的内容よりもそれが容れられている場所がどのように推移しているかに気を配ることは、精神療法を行っている治療者にとって実はとても大きな仕事である。分析の営みを個人の内部で無意識系にあったものを意識系に移動させることであると考えることもできる。あるいは患者と治療者の関係を軸に考えることもできる。しかし、私は患者個人という点、治療関係という線を考えることとならんで重要なことが、空間というものに着目する観点であると思う。

投影同一化という媒介によって、患者のこころの空間は治療の空間、患者の生活空間、患者の夢空間と交流し、つながり、影響を及ぼしあっている。私たちは、患者の語りや転移のなかのストーリー（心的内容）を読み取るだけでなく、それがどのような場所にどのように容れられているかに絶えず気を配ることが必要である。とりわけ、神経症的な部分が優勢でない病理の場合、言葉や象徴を介したコミュニケーションよりも、空間と空間の相互交流こそがより重要な臨床事実として私たちの前にあらわれてくる。

こころの空間と治療空間の交流

患者のこころの空間のありようがどのように治療の空間のなかに出現し、それらがどのように交流しているのかを透かし見せてくれた臨床素材を呈示してみよう。

症例《漂う人》

彼は専門職につく若い独身男性である。彼は思春期前期から「フィルターがかかっていて」本がうまく読めなかったり、人の話がわからない、ちゃんと考えられない、と感じていたらしい。しかし、彼の学業成績は優秀だったし、職業生活においてそこそこの達成をしていた。

彼の母親は知的だが、不安定で気性の激しい人だったようである。彼女は彼に幼児期から剣道を押し付けた。それはかつて母親の父親、つまり彼の祖父が熱中していたものであった。母親は彼の練習に必ず付き添い、「剣の道そのもの、気合そのもの」になりなさい、と迫り、包丁をつきつけたことがあったという。そして、ある年齢になると突然それを無理にやめさせ、今度は受験勉強を強要した。一方、父親は専門職に就く名家の長男であり、長男として「正しく」自分の弟や妹を助けることが大切だと考えていた。父親が自分の同胞を妻や子どもよりも優先し、金銭的にも大きな援助をすることをめぐって、両親は慢性の葛藤を抱えていた。患者は父親を「肉親の愛情より建前」の人、として疎遠に感じていた。

大学を卒業するまで、彼は学業の面で両親の期待にこたえていた。一方、彼は剣道を続け、ほとんど神聖視するかのように熱中した。卒業した後も、彼は剣道のグループに入って活動し、依然剣の道は神聖なものであった。彼は同じような考えの先輩とふたりで選手の強化を強引に押し進めた。やがて彼はグループで孤立し、不眠がちとなり、精神科医を受診した。そしてついに彼はその先輩とも離反してその先輩に暴力を振るい、怪我をさせるにいたった。私との面接はその事件の半年後に精神科医の紹介で始まった。事件について、彼は「剣がからめばああなるのはしかたがない」と言い、社会的にまずいことをしたと自覚しているものの、すまなかったという気持ちは微塵も感じていなかった。

＊

はじめの頃彼の治療は中断に満ちていた。さまざまな合理化によって彼は治療を休んだ。必然的に私と彼のつながりはきれぎれのものになった。一方、面接中の彼は、趣味のよいカジュアルな服装に柔和な表情を浮かべて淡々と話し、攻撃的なものをまったく感じさせなかった。言語能力は高く、面接記録をあとから読めば内容は豊かだった。しかし、実際の面接の最中に私はしばしば耐え難いほどの眠気を催した。意識的に彼のことを不快な存在だと体験していないのにもかかわらず、私は彼のこころにどうしてもつながりをもてない状態に陥っていた。私はそのような自分自身の感覚を使って、彼のいう「フィルター」にまつわる感覚について触れていった。そして、それに関連して、彼が私とつながることを実は暴力的ともいってよいほどの激しさで拒んでいること、その背後に彼に圧倒的に侵入する母親＝私への強い不安があることを解釈していった。このようなことを続けるうちに、ときおり彼がいきいきと目の前にいることが感じられたり、夢や連想のなかで罪悪感や償いが彼のこころに兆したかに見えたりすることがあった。しかし、それはすぐに掻き消え、またもとの索漠とした面接が続くのだった。

彼の治療が始まって最初の年末が近づいた時期、彼の家庭が父親の実家の財産問題をめぐって荒れていることが話されていた。父親の実家に対する態度についての父母の不一致があからさまに露呈して、家庭内には口論が絶えなくなっているようだった。彼もそれに反応してときおり爆発的に激昂した。このようなことが語られたセッションの最後の方で、私が彼の母親の無慈悲なありかたと彼の暴力事件についての態度の類似性を、思い切って取り上げることが可能なように感じられる瞬間があった。私がその介入をした後、残った時間、彼は傍観者として淡々と家庭内のごたごたを語り続けるだけだった。

その次のセッションで、私は今年あと一回しか彼と会わないのに、年末年始の休暇を明確にアナウンスするのを忘れていることに気づいた。自分が定期的に会っている他のすべての患者にはアナウンスしたのに、彼にだけ忘れていることは私の逆転移性の行動化であると思われた。私はこのことを、彼があまりにも淡々と私を切り捨てていることへの私の反応だと感じた。そうしたことを思いめぐらした後で私は、彼が騒然とした家庭状況のなかで私を強く求めていること、しかし私を必要として私とつながれば彼のいう「問答無用」の「激しい世界」に巻き込まれるのを彼が恐れていることに触れ、だからこそ彼がその淡々とした態度を取り続けていることを解釈した。その解釈の後、彼は珍しく長く沈黙した。

さて、その次のセッションの冒頭で彼は、この面接室のなかのことが家でひとりでいるとき、何回か意識に出てきた、と報告した。それは彼にとってはじめての体験だった。茶色い木の書棚がぐぐっと自分にかぶさるような感じがでてきた、この何ともいえない息が詰まるような生ぬるい風の感じ、砂漠のキリンとか、ふわふわ漂う人がでてきた、と彼は連想した。木製の書棚も、ベージュの布に描かれたキリンの絵も、空を漂う人を題材にしたシャガールの絵も、生ぬるい暖房の風も、たしかに私の面接室のなかに実際あるものだった。しかし、そこにあるパーソナルでない圧倒的な雰囲気、部屋のなかの事物が切れ切れに分断されていること、「このなかのこと」のなかから私自身や私とのやりとりのなりゆきがすっぽり抜けていることは、前回の私の解釈が彼をおののかせ、おそらく強い怒りをかきたてたことを示しているようだった。

なぜ彼はそれほどおののいたのだろう、と考えているうちに、私は次のようなことを思いめぐらしていた。私は彼を休みに置き去りにすることに強い罪悪感を感じているらしい。そしてその裏返しとして、彼とつながりを求めており、彼が私を無視していることに腹を立てているのかもしれない。そこで私は、私の方こそ、彼をつらい家庭状況に置き去りにしてしまうことが心配で、彼に無媒介なつながりを強引に求めようとしていたことを解釈した。するといくらか沈黙した後、彼は、ゼミの発表で緊張し何もしゃべれなかったが一対一のディベートなら大丈夫だった、という話を語った。この連想を私は、破局的集団状況、つまり家族の混乱した有様のなかで一対一の関係、すなわち私との関係に救われるという連想であると感じた。この休暇は何とかなりそうだと私は思った。

年末年始が無事にすぎて一カ月ほどたったとき、私は風邪を引き、面接の前日に彼に電話して面接を休まなくてはならなくなった。次回、彼は私の休みにまつわる不安を自発的に話し、さらにその次のセッションで、前回は自分がしゃべっていることが内側から出ているとはじめて感じられた、と語った。そしてふと話題を換えて、子どもの頃キリンが出てくる絵本が好きだったことを連想した。

この患者の病理は、彼に無媒介に侵入し、彼を内部から支配し、彼のこころの空間を剝奪する万能的内的対象としての母親にまつわるものだといえるだろう。彼にとって剣や剣道はその母親の象徴的等価物（Segal 1957）である。それは母親の内的父親のもつファルスであるともいえるだろう。それに彼が強圧的に同一化させられたことによって、彼の男性性はきわめてパーソナルでないものになった。彼が異性との交渉に消極的であることと、それはつながっていると考えられる。

いずれにせよ、剣道／内的母親は具体的に彼を動かし、彼をのみこみ、彼と合体するものである。彼が暴力事件まで起こさなければならなかったのは、そのような破局によってしか剣道／内的母親と分離することが難しいことを無意識に彼が感じたためであろう。彼にとって剣道は、健康な個人にとってのスポーツがそうであるようには、可能性空間のなかで生起する文化的な移行現象ではありえなかった。彼は自分自身のパーソナルで創造的な心的内容を容れておけるこころの空間をまだもてていなかったのである。

そして私もそうだった。私も彼との交流のなかでゆとりをもてず、剝き出しに反応していた。圧倒的な内的母親に文字通り「なって」しまっていた。私が「考えられる私」になるには、こころのなかに複数の視点を抱えておける場所、こころの空間を確保することが必要である。私が彼の怯えを感じ取ったとき、ふと私は自分と彼とのなりゆきを別の視点から考えられるようになった。

一連のなりゆきの最後に、その彼が「内側」からの気持ちを話せた感覚を報告したことは、彼のこころのなかにパーソナルな心的内容を容れておける場所が生まれ始めたことのあらわれである。つまり彼のこころにも空間が生まれたわけであるが、この過程で、面接室の空間が利用されていることが注目に値する。私が休みのアナウンスを忘れたことに気づいた面接において、彼は私が彼に侵入的に解釈したことに脅威を感じた。そのため、彼は私の言葉や態度をもって帰ることはできなかった。そのかわりに、彼ができたのは、かろうじて面接室の空間の要素を切れ切れにしてもって帰ることだった。たしかに、生ぬるい息が詰まるような風、のしかかる重苦しい書棚といった要素には、圧倒的に内側からのみこむ空間剥奪的な母親対象が影を投げている。だがともかくとも、そこには風が吹く空間が存在しているし、キリンという彼にとって意味のある対象（おそらく幼児期にかろうじて出会うことのできた、憧れを向けることのできる男根的父親の象徴）が発見されている。すなわち、「面接室のことが出てきた」というできごとの背景には、私の逆転移による介入の失敗に対する反応だけでなく、面接室のなかの空間を用いたこころの空間の生成の兆しという建設的な側面を見て取ることもできる。私が自分の逆転移のなかの侵入的、空間剥奪的な側面を解釈したことは、さらにその建設的側面を励まし、その過程を促進したと考えられる。

ここに端的にあらわれているように、患者のこころの空間の成立の過程、変化の過程は、治療空間のありかたとの交流のなかで進んで行く。

それから約一年のあいだに、彼の家庭ではさまざまなことが起きた。母親が抑うつ的になったこと、それを受けて、父親が父方の遺産相続をめぐっての葛藤に自分の弟妹より、妻と子どもを優先する決着をつけた、つまり、「建前」より「情」を選んだことがその主なものである。こうした紛争のさなかに彼は両親に対して、以前のように感情に押し流されることなく、より能動的で効果的な調停者としての機能を果たすことが可能になりつつあった。

その頃のセッションで彼は、彼の部屋にこの面接室のような絵を飾りたいと考えていること、いまの家がもっぱら母親の好みで和風に作られていて西洋絵画がないこと、もし家の建て替えのときに父親が関与していたら、父親は洋風の部屋にして洋風の絵を飾っただろうということを何度か連想した。これはおそらく彼の面接のなかではじめて示された、父親への同一化をあらわす連想のように感じられた。そしてその同一化の媒介として、私、より正確には面接室の空間が使用されたことを示しているとも思われた。

この一連の流れのなかで、私の面接室の壁に掛かっている、彼の空想のなかでは私が選んでそこにかけた絵は、彼の父親が選んだ絵として発見／創造されたのである。私と治療空間とを介して、より脅威を体験せずに父親と出会った彼は、より成熟したエディパルな転移の様相をあらわしてきた。漂う人を題材としたシャガールの絵は「父なら飾っただろう」絵という、よりパーソナルな意味を帯びた。

このことは、最初に述べた議論における交点Xがその絵の上に結ばれたことを意味している。彼のこころにゆっくりと生成された空間と、それと交流する面接室の彼と治療者のあいだの空間とが響きあうことを通じて、彼は父親と出会うことができはじめた。その空間は母親に侵入されない、彼の家のなかの彼の部屋とも響きあっていた。

彼のこころのなかの空間、面接室の空間、彼の生活空間はこうして私とのセラピーを媒介にして交流した。その交流の過程のなかで彼のこころの空間の性質は変化し、その広がりはエディプス的な空想を容れておく容積を獲得したのである。

空間を生み出す努力に触れること

さらに重症な病理を抱えた患者の場合、こころはほとんど人間的なひろがりをもつことができない。剥き出しに何かを投げあうような直接的で無媒介の交流しかもてない患者はこころのゆとりを抱えられない。そのような患者に対して、転移を型どおりに解釈してもまったく歯が立たない。

症例《隙間》

三十代の独身男性である。彼は職場の人間関係を背景とした混乱状態で精神科を受診し、ある程度のマネージメントによって落ち着いたあと、精神療法を希望した。診断面接で語られたことのうち、印象に残ったのは、幼児期から非常に体が弱かったこと、まったくだだをこねることがなく、きわめて早期から留守番をしてもまったく平気だったこと、幼いときから母親から遠ざかっていたこと、学校集団のなかで集団行動がとれないが、きわめて学業が優秀だったこと、二十代前半に、詳細を語れないが半年ほどの持続期間をもつ精神病的なエピソードがあった可能性があること、その後も社会的達成は優秀なこと、その一方で男性女性を問わず人間との親密な関係が一切なく、「そういう気持ちがどういうものかわからない」と語っていたことだった。「用もないのに誰かに会うことなど考えられない」と考えていた彼にとって、具体的な何かを決めたり、行動したりすることのない精神療法の面接は、まったく手づるのないなじみのないものだった。しかし、精神療法がそういうものだということは知的には納得されているようだった。

＊

対面の自由連想設定の治療面接の最初の時間、彼はまったく話すことができなかった。強烈な緊張感があった。「いっぱい話すことがあったのに」と呟きながら、彼は困惑するばかりだった。最後の十五分になって、強い怒りの感情をともなった、職場での人間関係についての連想が上下肢を痙攣的に動かしながら話された。苦しそうですね、緊張しているようですね、などと患者のこころの内側に触れようとしても何もならなかった。私は連想の字面を追うことしかできず、彼と意味のある交流を結べていないという苛立ちと、反面何とかしないといけない、という切迫感が募ってきた。私は、この時点で私が感じている感覚の吟味を通して、彼がある種の危険の感覚を私に伝えているように感じられることを解釈した。しかし、この投影同一化の解釈をしたとき、そこに発見の感覚がないことは明らかだった。私は苦し紛れに自分の「おなじみ」のやり口にすがろうとしているに過ぎず、彼には伝わらないだろうという確実な予感が私にあった。案の定、この解釈は彼に何の反応も引き起こさないどころか、苦しげな様子はさらに強まったように感じられた。彼についての情報を集めるという「用のある」面接だった診断面接のとき、深みのない微笑を終始浮かべていたのと対照的に、自由連想の設定を彼はまったく遊べず、かりそめのくつろぎも体験できないようだった。

一週間後の次の時間も彼は沈黙し、ソファに寄りかかれずに浅く腰掛けたまま、背を丸め、苛立ちと困惑と恐怖の入り混じった表情でいわゆる貧乏ゆすりをしていた。一五分ほどその状態が続いた。ふと、私の注意は彼の丸まった背中とそれを包んでいないソファとのあいだの隙間の不自然さに引き寄せられた。彼の姿勢やいずまいは小動物が丸くなっているのを連想させたが，そういう動物たちはたいてい狭い穴のなかにいて，密着して包まれているものである。

このとき私のこころに，彼が小さいとき，苦しいことがあると机の下に入り込んで丸まっていたことが診断面接で話されたことが思い出されてきた。そのようなときも彼は母親を求めなかった。母親によって人間的に抱かれ包まれることを彼は拒んでいたが，それにもかかわらず彼はやはり何かによって包まれる必要があったからこそ，机の下に入り込んだのだ。彼の丸まった背中とそれにもかかわらずそれを包んでいないソファとの乖離という事実が私の注意をひいたのは，ごく微かにしか体験されていない，彼の包まれたいというニードとつながりがある気がした。

そこで私は，ここで彼のこころがしっくり包まれていないこと，こころのなかのことを安心して容れておける感じがないことを解釈した。彼はふっと緩み，この部屋は広すぎる，しかもここから外が見える，ブラインドを全部閉めてくれないとどうにもならない，と話した。私は彼の望みをかなえたうえで，彼の気持ちを容れておくこころのいれものがしっかりしていないから，この部屋がしっかりした形をそなえている必要があることを解釈した。彼は明らかになごみ，彼の職場の机とその周囲には本や書類が積まれていて，要塞のように誰も手出しができない状態にあり，そうでないと仕事ができないという話と，前回の面接日の翌日に，決して珍しいことではないが電車のなかで肩を触れあった「失礼な野郎」に食ってかかったという話を連想した。職場の話は，彼のこころの空間をしっかりとかたちづくるために外界の空間を堅固にすることで対処するという努力にまつわる連想であるように感じられたし，電車のなかのできごとについての話は，そうした物理的空間が侵害されたときにどれほど破局的な不安が彼を襲うかということのようであった。それらは私の解釈を肯定しているように思えたが、私は沈黙を守った。

＊

その後も同じようなことは絶えずあった。私がブラインドの下端をうっかりほんの数センチあげたままにして、わずかに光が床に差し込むと、彼は連想ができなくなった。自分が困惑して連想できないことがブラインドがあがっているせいであると彼が気づけず、私がそれを解釈することによって、ようやくブラインドがあがっている事実そのものに気づくこともあった。まったくの困惑と沈黙が三十分以上続き、私が訳が分からないでいると、来るときにエレベーターが点検中で使用できなかったことが話されたこともあった。

やがて彼は面接室の鉢植えの位置と向きに自分から注意を向け、それにこだわるようになった。それがぴったりといつもと同じ位置、向きに置かれていないと話ができない、と言って、部屋に入ってくるなり、それを置き直すというアクティング・インを毎回続けた。しかし、徐々にそれは切迫感を失い、ある種のゆとりが生まれ、そのゆとりのなかに治療者が存在できるようになった。つまり、私の顔を覗き込んで顔色をみながら照れ笑いをして、鉢植えを置きなおすような遊びの雰囲気が醸し出されてきたのである。

この頃になると、彼は怒りの制御が面接室内外でかなり可能になっていた。彼は、自分が他の人と違っていることをときおり強く意識するようになった。愛情に満ちた交流の世界が自分にはまったくないだけでなく、それを望む気持ちさえ自覚できないのに、他の人たちが実はそれを中心に人生を生きていることに、彼は気づきはじめたのであった。みんなが「用もないのに」ただ誰かと会うためだけに会っていることを、漠然と「気持ちが悪い」と感じてきたことが話された。彼ははじめて、自分に何かが欠けている、と感じたようだった。ほとんどの人間が享受している世界から排除されているのだということに、彼はようやく気づき、不安をはじめて自覚するのだった。

この素材において、彼のこころの空間はあらかじめ失われていた。ウィニコットのいう可能性空間を彼は生成できないし、自分のこころの「内側」を彼はもてていない。彼は、果てしない暗黒の宇宙に自分のなかみを拡散してしまう、というといいようのない恐怖におののいているといえるかもしれない。それは絶滅の不安よりもさらに原始的な水準での不安である。逆に一方で、彼が面接室の具体的設定にこだわったように、面接室とその周辺の環境という具体的「もの」的要素をつぎはぎのように借りてきて、その空間を構築しようとする絶望的努力もそこにあった。それは、机の下で丸くなる彼でもあった。

私のした投影同一化についての解釈は彼には受け取られることはなかった。第一に、そうした解釈は彼のこころの内側を想定することになっており、あまりにその瞬間の彼の機能水準を高く見積もりすぎていたと思われる。そして私がした解釈は、私と彼のあいだの世界の外側から持ち込んだものだった。治療者が外部の「理論」と対話して解釈を与えることは、治療者が自分自身の文化をそこに持ち込むことになる。それは治療者がひとりの「人物」として姿を現すことである。それは、乳児の自発的身振りを母親自身のそれで置き換えてしまうこと、とウィニコット(Winnicott 1960)が述べたことに相当するだろう。彼のような原初的なこころにはそれは耐え難いだろう。

この臨床素材では、私のまなざしが空間に注がれてはじめて、何か生産的なことが起きはじめている。そのとき、私のまなざしは彼のこころの空間の性質と面接室内外の空間の性質に注がれている。患者個人の心的内容、治療関係（この場合投影同一化）に焦点づけることは、何ももたらさないようだった。心的内容よりもそれが横たわる場所に着目し、空間を彼が必死に生み出し維持しようとする努力を理解する解釈が与えられたときだけ、進展は生じた。

私は「彼」でなく「彼とソファのあいだの隙間」に注目している。その注目によって私は小動物の連想を直観的にもち、それを媒介にして空間への視点を手に入れ、彼の苦境を理解して解釈を与えることができた。そのとき、彼の不安はわずかながら包み込まれることができた。それは、私のこころの内部に生まれた、展望点（小動物の連想）を抱え込めるような空間を私が彼に提供したともいえるし、環境としての母親として私が機能したことともいえるだろう。

私はそうした連想をきわめて自発的に生み出すことができた。それはその瞬間私が、サンドラーのいう「自由に漂う応答性」（Sandler 1976）のなかにいたことを意味するように思う。おそらくそれは個人としての欲望や感情をもたない空間になるという不可能な仕事が、ほんの一瞬だけ達成されたということかもしれない。そうした仕事を私が営もうとすることを通じて、彼は遊ぶことのできる場所を発見し始めた。鉢植えの位置についての彼のふるまいには、そうした空間のなかで強迫が「遊ぶこと」に変形される過程があらわれている。

とはいえ、ここで私のこころのなかで、彼が子宮のなかの赤ん坊でなく、穴のなかのモグラのような小動物として連想されたことは、私と彼とのあいだにまだ人間と人間としてのつながりが希薄であることを物語っていた。それは私の側の彼への軽蔑のあらわれなのかもしれない。彼にとって私は環境としての母親としてしかまだ姿を現していないし、現してもいけないのであろう。個人的欲望と感情を持つ存在としての私と彼がどのような出会いかたをするのかは、緒についたばかりといえるだろう。

ささやかな技法的覚書

この章で展開してきた、こころの空間についての理解はまだとても直観的なものにとどまっている。当然、理論的推敲を相当に要するものだろうと承知している。しかし、それでもなお今の段階で、その視点から技法的なことを考えてみることには一定の意味があるだろう。

この章で挙げたふたつの素材においても、患者のこころの空間が狭まると、治療の空間には遊びがなくなり、ある種の不毛な強迫がはびこってくる。治療空間は可能性空間でなくなり、そこは堂々巡りの場所になる。そのとき、治療者は強い切迫感、こうするしかないという「必然の感覚」を抱き始める。あるひとつのことを別の角度から考える自由度はもはやない。「自分の考え」はもはやそこにはなく、自明の絶対的真実がそこにあるとしか考えられなくなる。「犬は犬である犬である A dog is a dog is a dog.」（Winnicott, 1971c）というどん詰まりの世界である。このことは、治療者のこころの空間の剥奪である。こうなると治療空間ではもはや意味の響きあいが起こらない。無限の不毛の反復が起こり、治療は儀式になるか、もしくは破局に陥るだろう。そこには、第一章でとりあげた「おそろしい『それ』としての「私」の危機が潜在的にはすでに出現しているのである。

患者のこころの空間の様相と治療空間の様相、そして治療者のこころの空間の様相は相互に影響を与え合っている。私たちはそうした相互の交流のなかでどうふるまえばいいのだろうか。当然私たちは自らのこころの空間を拡大していくことができればいいことはいうまでもない。しかし、それにはどうすればいいのか。このことに決定的な答えがないことも承知している。しかし、私は試みにいくつかの補助線を引いてみたいと思う。もちろんそれらは単なる補助線にすぎないが。

精神分析的な営みは単なる「キャッチボール」ではない

何よりもまず、精神分析的な営みを単なる「キャッチボール」であると考えることをやめる必要があるだろうと思う。多くの初心者たちがスーパーバイザーに求めることが、「ここでどう『返す』か」という問いである。しかし、患者もしくはクライエントが何かを言い、それに対して治療者が患者の内部を理解して何かを返していくような、ふたりの関与者のあいだの「やりとり」として分析的交流を考えることは本質的に誤っている。単に患者と治療者の発言を記録すれば分析的な過程を記録できると思う人はいないだろう。そうした捉えかたは、精神分析を反射的で鏡像的な反復現象にしてしまう危険さえある。

精神分析的な営みを「相談」「話し合い」だと考えることは間違っている。分析的な営みにおける患者やクライエントを「来談者」と呼ぶことも疑問である。分析的営みにおいて、患者は分析的な営みをもちに来るのであって、何かを話しに来るのではないだろうし、まして相談に来るのでもない。もちろん、患者がその営みのなかで転移にもとづいて、相談しているつもりになることは何ら問題ではないし、ある瞬間治療者が相談を持ちかけられている人間であるかのように自分自身を体験することもごく自然なことである。だが、治療者が相談を持ちかけられている人間として、自分を規定する部分が大きくなりすぎることはきわめて危険である。そうなると、患者に何かを「返す」ことが自分がそこにいる目的なのだ、と考えてしまうことになりやすい。おそらくそのように考えることは、その営みが抱える広がりを恐ろしく狭いものにするのである。

ウィニコットは、精神分析はひとつの遊びだ、と言った。それは、いままさに生成されつつあるひとつの文化のなかに患者と治療者が参入することであると言い換えてもよい。そこには必然的に空間が生まれる。単なるやりとりという直線的な世界ではない、文化的空間が生まれ、維持される。私たちは患者に向き合ってもいるが、遊びを遊んでもいる。文化をふたりで創造してもいる。そしてある考え、ある理解を自分で生み出そうともしている。けっして患者に何かの効果を及ぼすためにそうするのではなく、新しい理解を生み出すことに一義的な意味があるのである。遊びが遊びのために遊ばれるように。このことによって「何かを『返そう』」とする強迫からある程度自由になれるであろう。

空間を維持して何かを語ること

私たちが自分のこころの空間のありようについての感覚に意識的であろうとすること、それを絶えずモニターしようとすることも重要かもしれない。しかし、単にそれを「意識しよう」と考えているだけでは、あまりにも手づるがない。私はこころの空間を私たちが失ったとき、もしくは失いかけたときの自分の陥りがちな感覚やふるまいをこころに留めておくことが意味があるように思う。

たとえば、無用な激励や保証、意味のない「事実の陳述」(Ogden, 1986)(努力しないと仕事を失いますね、とか、これはあなたの失敗ですね、とか)をしたくなること、自分がいつのまにか反復的に同じような連想をしていること、患者の話の字面を自動的に明確化したり質問したりすることを続けていること、患者の現実の動きを進めたくなったり、止めたくなったりする自分が強烈に動きはじめること、などに気づくことなどが指標になるだろう。このことは端的にいえば、治療者が「私は……と思う」という形の介入、すなわち解釈という形式の介入以外の介入をしたくなる自分自身に気づくことなのである。

精神分析的営みにおいて、解釈以外の介入をすることにはきわめて慎重でなければならない。そしてそれをしたくなる自分にも警戒的になる必要がある。患者の防衛やふるまいの傾向を指摘することしかできない状態にあるのに治療者が何かを言うことは、結局患者の動きを単にコントロールするためのアクションに終わってしまいがちである。患者のふるまいや態度の背後の、アンビバレントな気持ちや情緒や空想に触れえる状態に自分がなっていることを十分に自覚してから、何かを話すべきである。いくつかの展望点を自分が抱えているという感覚を楽しむことこそが、精神分析という営みを十全な遊びにするのである。その展望点をもったありかたで私たちがくつろいでいるということこそが、本質的なことだ、ということが、「精神療法は遊びだ」と言うとき、ウィニコットが意味していることであろう。その状態で私たちが沈黙して、その展望点に立脚した理解を解釈として患者に差し出すことがなくても、患者がたしかに変化していくということを私は経験してきたように思う。

何かを話すとき、これはとりわけ対面設定の場合に強調しておかないといけないことだが、「患者に」解釈を語らないことが大事であると思う。カウチ設定においては、治療者が何かを話すとき、患者から見られてもいないし患者の顔も見えてない治療者は、「患者に」何かを言っている、という感覚をもたないように思う。この場に対して自分が考え出した考えを話す、という感覚のほうが私の実感にぴったりくる気がする。この場、空間、治療空間に自分の考えを置く、という感覚である。「患者に」直接的に届けようとして発せられる言葉が本来的にもつ「メッセージ」性は、あまりに遊びのない形で患者を揺すぶりがちなのである。端的に言えば、患者にとってそれは「聞かなければいけない」言葉として受け取られがちである。だが、私の考えでは、解釈というものは「聞かなくてもよい」ものであるべきである。「聞かなければならない」言葉が投げつけられるところに、遊びが生まれるとはとても思えない。

解釈はあくまで治療者のパーソナルな考えに過ぎない。それは助言や保証や激励のような強い対人的ベクトルを帯びていない。解釈は「働きかけ」ではないのである。単なる考え、であるものと、親切な助言であるものとは、対人的な意味合いが異なっている。「単なる考え」は無視できるが、「親切な助言」を無視することは難しい。こうして「親切な助言」は、治療の場から空間を剥奪していくのである。

記録をとることの意味

こころの空間という見地から、治療者が記録をとるという仕事を見直すことができる（藤山　二〇〇三）。面接の過程を記録に残すという営みは、単にその記録（プロセス・ノート）を後で参照したり、他人に見せたりすることができるためになされるのではない。それは治療者の空間回復の営みとして捉えることができる。セッション中に患者との相互作用のなかで狭まってしまったこころの空間を、記録を書いているあいだに取り戻すのである。記録を書くことは、記録を書いている「私」とセッション中の「私」の対話である。その対話のなかで、セッションにおける臨床事実は異なった心理的文脈のなかで別の意味、別の生命を帯びてくる。言い換えれば、記録を書いている「私」とセッション中の「私」の遭遇は、そこにある種の「謎」を生み、その謎を解決するために第三の視点を創造する必要性を生み出す。プロセス・ノートをとることはおそらく精神分析的営みの一部を構成する重要な「ワーク」である。おそらく出来上がった記録よりも、そのワークこそが本質的に重要なのである。そのワークをとおして回復された治療者のこころの空間は次のセッションで必ず、少なくとも部分的には生きてくるはずである。

沈黙ということ

音楽とは音符と音符のあいだの空間だ、とドビュッシーは言ったという。分析的営みにおいて私たちは、それが沈黙によっても構築されていることを忘れがちである。ウィニコットは「ひとりでいる能力」を提起した論文（Winnicott 1958）で、沈黙できなかった患者が沈黙し始める生産的な瞬間を描き出している。私自身もこの書物の第四章で、死んだ饒舌が豊かな沈黙に変容する局面を切り取ろうとした。

おそらく夢の報告が一度もない分析治療はどこかまずいのだろうと思う。それと同じように、沈黙がセッションの重要な部分を構成することのない分析的営みもおそらくまずいような気がする。沈黙は、とりわけカウチを用いた設定で実践するときには、セッションの時間の多くを占める重要な時間である。分析の営みを「話し合い」や「相談」だと考えていると、沈黙は無意味な、何ももたらさない時間だと考えられるだろう。しかし、分析的営みが話し合いではなく、ある特殊な設定のなかで営まれる文化的な営み、遊びであるとするならば、沈黙はきわめて重要な意味をもつ。それは分析時間全体の体験そのものの基礎を構成しているといってもいい。

沈黙によって治療者も患者も憩い、くつろぐことができるし、すべての遊びや文化的な営みにとって憩いやくつろぎの要素は欠かせないものだからである。もちろん、沈黙には憩いやくつろぎの要素がない、硬質で張りつめた感触のものもある。そうした沈黙は、おそらく悲鳴や怒号と同じほどに強力なものであろう。そしてそれは危機の感触を帯びている。危機とくつろぎの両者のあいだを揺れる媒体として、沈黙はたいへんに雄弁なのである。いずれにせよ、沈黙は分析的時間のなかにひとつの空虚、間隙、空間を生み出すものである。そして空間や不在がないところに、実体や存在がないということを考えれば、沈黙という事態は精神分析的な営みにとってきわめて本質的なものであると考えるべきであろう。

いくつかの空間を見渡すこと

患者のこころの空間、治療者のこころの空間、治療空間、患者の生活の空間、患者の夢の空間といったいくつかの空間を、精神分析的な営みが架橋しているという認識は、きわめて生産的だと感じる。それらの空間のもつ性質がどのように推移しているか、連動しているかに気を配ることが精神分析的営みの全体に私たちが触れることを助けてくれる。

患者のこころの空間のありかたが治療空間に溢れ出してくることは、転移や投影同一化といった用語とともに精神分析的な営みの基礎をなす事実であると考えられている。とくに患者のこころのなかの「対象世界」に含まれている自己や対象が分析空間に現れ、治療者のこころにその棲家を見出すありさまは多くの著者によって記述されてきた。

私ももちろんその理解を共有しているのだが、私はどちらかというとそうした対象の挙動よりも余白の部分に惹きつけられている。そうした対象群を容れている空間に目がいくのである。そうした視点を持つことで、患者の治療のなかでの動きはかなり違って見えてくる。たとえば患者がセッションを急にキャンセルしてくるとき、もちろん治療者はいらだったり、ひょっとすると懲罰的な空想をもったりする可能性もある。患者の内的対象世界における、患者の挑発的側面に対して懲罰で応じる対象に治療者が同一化することになる。そういう意味でこの患者の動きは、拒絶的に挑発しては懲罰を受ける、という内的世界を具現する反復強迫的な行動化であるということになる。しかし、その前の面接が治療者にとって危機的なセッションであり、自分がゆとりを失っていたことを治療者が意識することができれば、そこには別の展望が開けてくる。それは、そのセッションに自分を不在にすることによって、患者は状況にある種の空間をもたらそうとしているのかもしれない、という視点である。状況に空間、ゆとりをもたらすことによって、患者は治療者にもゆとりを回復させ、事態を考える力を取り戻すように促しているのかもしれない。

さまざまないわゆる「行動化」が、患者のこころの空間や治療者のこころの空間を生成したり、再建したりするための患者の絶望的努力であるように考えられることはとても多い。患者の行動化にはもちろん破壊的な契機が含まれている。しかし、おそらくすべての行動化には建設的もしくは修復的な契機も含まれている。そうした側面に触れるためには、私たちが体験の余白、空間の側に視点を移すことは意味があるだろう。そのとき、私たちは、いくつかの空間を「またにかけて」みる、という視点を獲得しているのである。こうした視点を絶えず潜在的に準備しておくことが、治療者のこころのゆとりを増大させるのである。

第三章　逆転移に「利用される」こと——自己愛との交わり

臨床家にとって自己愛的とは何か

私の心理療法の場を訪れる個人に対して、私が自己愛人格であるというレッテルを貼ってセラピーに入ることはそう多くない。患者もしくはクライエントが紹介される時点で、たとえば精神科医からの紹介状に自己愛人格を主な診断として掲げてあることも少ない。ＤＳＭで自己愛人格障害として記述されている、あからさまに尊大で傲慢で搾取的で共感欠如的な個人に出会うことも、私の心理療法的実践のなかでは少ない。そのことは私の臨床実践の中心が個人開業の心理療法オフィスであるせいもあるかもしれない。そのような人たちは、日本という自らのお金と時間を差し出して心理療法を受けることがゆきわたっていない文化のなかでは、なおさら私のところまでたどりつくことが難しいように思われる。

しかし、私が自己愛という概念を臨床のなかでまったく思い浮かべないかというと、そんなことはない。心理療法の過程において、特定の患者を「なんとナルシシスティックな人なんだろう」と感じることは少なくないし、ある場合には、この患者の病理の中核は自己愛だ、と定義づけることもある。

私の実践をふりかえってみると、そういった人たちが症候学的に共通点をもつとはいいがたい。自分が「自己愛」の病理を強く意識した患者を、何人も私は思い浮かべることができる。セッション中に彼らの「自己愛」に胸のうちでしばしば長嘆息したものだが、彼らの症候学はきわめて多様であった。

自己愛人格のあらわれがさまざまであって、ある場合にはきわめて対照的なものとなることはすでに指摘されている。米国のギャバードは自己愛人格を「周囲を気にかけない oblivious」タイプと「過剰に気にかける hypervigilant」タイプに分類した（Gabbard 1989）し、英国のクライン派分析家ロゼンフェルトも「厚顔な thick-skinned」自己愛者と「感じやすい thin-skinned」自己愛者という対照的な二群を区別した（Rosenfeld 1987）。私の見解では日本の臨床状況で一番問題になる自己愛者はこのふたつのタイプには収まらない。「自分さえ我慢すれば丸くおさまる」と万能的に考えてひたすら耐え忍んで献身する、「自虐的世話役」（北山　一九八九）的なパーソナリティをもつ女性たちも、私には裏返しの強烈な誇大性を抱えた自己愛者のように見える。また近年臨床家のあいだで注目が集まっている、いわゆる「社会的ひきこもり」（狩野、近藤　二〇〇〇）の臨床像をもつ患者たちも、彼らをセラピーの場面に招き入れることが可能な場合、つきあえばつきあうほど自己愛病理が明瞭になることが少なくない。このように症候学的布置の極端に異なる患者たちを自己愛的な人間だと同定するとき、いったい私は何によってそう判断したのだろう。

私たちが日常生活で誰かを「自己愛的」あるいは「ナルシシスティック」であると考えるとき、それは私たちが「あいつは自分のことしか考えてない」「あいつは自分が一番正しい（または美しい、偉い、頭がいい）と思ってやがる」「あいつはこの世が自分のためだけにあると思ってるんじゃないのか」などという考えが自分のなかに浮かび、ある情緒を体験した、ということに他ならない。臨床においてもこの事情は基本的には変わらない、と私は考える。心理療法実践のなかで自己愛という言葉が意味をもつのは、もっぱら私たちの患者もしくはクライエントへの感情、陰性の特異的な感情を媒介としている場合なのである。いいかえると、臨床場面で私たちが抱く逆転移（広い意味での）と独立してこの言葉が意味をもつことはないと考えてよいのではないだろうか。自己愛的である、と私たちが患者を名づけるとき、私たちのその行為はほとんど特定の逆転移とその背後の転移／逆転移の布置についての理解に結びついている。フロイトやそれ以後の理論家が自己愛を定義づけ、論じてきたことは、臨床家の視点からみると、心理療法の実践のなかで生じるそのような状況をどう説明するか、ということに焦点づけることができるのである。

この章は自己愛についての理論的考察ではないから、私は自己愛という抽象的で議論の多い概念からでなく、私たちが患者もしくはクライエントのことを「自己愛的である」と体験するときに私たちと彼らのあいだに起きていることを考えることからスタートしたい。というのは、それこそが臨床的であると考えるからでもあるし、さらに自己愛という精神分析が作り上げた概念のなかでももっとも曖昧で多義的で議論の多い概念のひとつをまともに探求することによって陥りがちな袋小路を避けるためでもある。

より具体的にいえば私は、（英語版）フロイトによって使われた narcissism と self love がどちらも「自己愛」と訳せるということから生じるある種の混乱、「一次自己愛 primary narcissism」というある種の理念的アイデアの当否をめぐる議論、対象愛と自己愛の関係をめぐる議論、「健康な自己愛 healthy narcissism」という概念を認めるかどうかについての論争などをとりあえず棚上げしてこの論を書き進めたいのである。私はけっしてそうした理論的な議論が不毛なものだと考えているわけではない。むしろ、そうした実践の背後にある理論の重要性を認識することが臨床を豊かにすると考えるものであるが、上述の理由から、ここではまずひたすら臨床状況に着目して自己愛の問題を扱うことにする。

「自己愛的」な患者の前で私たちは何を体験するのか

私たちが患者もしくはクライエントを「自己愛的」だと判断するとき、最も大きな判断材料は私たち自身の彼らに対する情緒とそれに付随する意識的無意識的な考え（もしくは空想）だと私は考える。私はここでそのような情緒、考え（空想）をいくつか挙げてみようと思う。ただし、ここであげるそうした逆転移の諸相のリストが自己愛者に対する逆転移にとって網羅的なものである、と私が考えているわけではない。自己愛的だと患者を理解するときに体験する感情や空想をすべて挙げつくすことは、私には不可能である。ここで私が挙げているのは、私の臨床経験のなかで印象的だと感じてきた情緒や空想である。それらはたがいに重複し合っている可能性もある。というよりそれらが全体として自己愛者に対する治療者の体験を構成しているといったほうが適切であり、ひとつの体験のいくつかの側面であると理解する方が妥当かもしれない。また、盲点となって言及されていない情緒や空想が残っているに違いない。

とはいえ私は、いわゆる自己愛的な人物との心理療法において、治療者は以下に挙げるような体験に彩られることを免れえないと考える。そうした情緒や考えを体験せずにつきあえる、と主張する治療者がいるとすれば、その治療者は嘘つきであるか、まったく治療者としての機能が果たしえないほどに鈍感であるか、陰性の感情をもつことに自覚的であることを禁じようとしているかのいずれかではないだろうか。

（1）尊大さや傲慢さに対する憤り

私たちは治療の当初から患者の示す鼻持ちならない尊大さに強い不快感を覚える場合もあれば、患者に対してはっきりした理由もないのに何かいらいらとした気持ちが制御できないので、自分のこころのなかをゆっくり見渡したとき、そこに患者から自分が馬鹿にされているような感覚をようやく探り当てることができることもある。いずれにせよそのような場合、私たちは患者を自己愛的だと判断する。通常、いったんそのことを意識してみると、患者がいかに自分に尊大で傲慢な態度を取りつづけていたかをいまさらながらに実感するものである。

　このときに治療者が体験する不快や憤りは、治療者自身の傷つき、それも自己愛的な傷つきに由来する場合もあるが、必ずしもそうした二者関係的な情緒に限らない。私たちが差し出した心理療法という営みのもつ固有の文化（それは端的には治療設定に具現されているのだが）を患者が軽視する結果として生じるという、より正常な逆転移（Money-Kyrle 1956）と考えられるものも寄与している。

　外部の視点から一見すると、私たちが自分自身の意思で設定を患者に提案しているようにみえるかもしれない。しかしより内的にはそうではない。私たちは自分のなかに内在する文化にのっとってそれを設定するのである。自分の訓練や研修の結果として、そうした文化が私たちの内部で「生きている」ことに支えられて私たちはその設定を提案する。私の提案するセッションの時間が一回五十分であるのも、ほとんどの患者にカウチを用いるのも、ひとつの文化を内在化するまでの自分自身のパーソナルな対人的体験の歴史の結果である。そうした規範は確かにもともと外部から一定の規準のもとに与えられたものである。だが、訓練を受けるということは、その外部からの規範を後生大事におしいただいてそれに支配されること以上のものを要求するであろう。訓練を受ける者はその外部から与えられたもの、理論と実践にまたがるひとつの体系をもう一度「自分のもの」として再発見し、そこによりパーソナルな息吹を吹き込まなければならない。言いかえれば、訓練において理論や実践のシステムが外部から明瞭に与えられているからこそ、私たちがそれらを「自分のもの」として生きるという課題は際立つことになる。訓練のなかでのこのような外部と内部、他者と自己とのあいだをまきこんだ体験は、患者のもちこむ圧倒的な不幸や不安や苦しみに遭遇し、ある時点ではそこに閉じ込められながらも、その状況を自分らしく生き、自分自身のパーソナルな思考や理解を生み出すという、私たちが日々おこなっている営みが担う本質的課題と共通したものをもっている。

こうして私たちが患者に与えようとする設定の背後には、私たちのパーソナルな歴史が息づいている。長年使った家具に家族の歴史がしみついているように、私たちが彼らに与える設定や技法のひとつひとつは高度に「人間化」された歴史の産物なのである。

治療状況での彼らの尊大さの背後にあるものは、そうした他者の体験、わけても対人的体験の歴史とそこから得られた成果の軽視である。このことは彼ら自身が他者との関係のなかでの体験から何かを生みだし獲得するという体験の歴史をもてなかったことと関係があるように思われる。彼らにとって、何か（誰か）の重要性を認識し、そこから学ぶことはおそらく自分の存在を脅かすほどに屈辱的なのである。そのことによって彼らは文化そのものをほんとうの意味では受け取ることができず、不毛な反復のなかに幽閉されているのである。

症例《客観的》

ある独身の中年男性は仕事のいきづまりをきっかけに自殺を何回か試み、結局精神科医によって私の心理療法を受けるようにと紹介されてきた。彼は知的に高度に優秀である反面、情緒的対人的にはまったく不毛とも言ってもよい世界に住んでいた。ある種のキャリアの上昇をあきらめざるを得ない事態のあと、自分がまったく何の愛情も感じていない年老いた両親の世話をすることしか、その後の人生に目標がない状況になったことが、彼の頻回の自殺企図の背後にあるように思われた。しかし、そのことが彼にはまったくぴんと来ていなかった。たとえば彼がロマンティックな感情を抱いた女性についての想起は、何十年も前にアルバイトをしたときに出会った女子高生のことしか出てこなかった。このように、他者とのあいだのプライヴェートでパーソナルな体験領域はほぼ完全に封じ込められているようであった。

一年が過ぎ、彼はまるで機械のように正確に通ってきて、表面的な微笑を浮かべつつ近況を紋切り型に報告し、何度か語った過去のできごとをまるではじめて話すように語った。自殺企図はおさまっていたものの、彼の気持ちに触れたと感じられる瞬間はまったくといってよいほどなく、私は閉塞した不毛な状況にセラピーが閉じ込められ始めたように感じていた。その頃、彼は「公的な」用事でセッションを何回かキャンセルしようとした。私は最初に取り決めた約束にしたがってキャンセルした回の料金を請求した。彼は珍しく感情的になり、私のキャンセルについての取り扱い方を「客観的に言って非常識」なものであると主張し、私を非難した。私は、セラピーの料金は時間をこえたつながりのなかで彼の変化を促す仕事のための料金で、一回ごとの相談ごとのための料金ではないことを説明したが、彼には何のことだかわからないようであった。彼は一応私のいうことをきいて料金を不承不承支払って帰ったが、このようなことが何度か繰り返された。そのたびに彼は料金を払わないことを主張し、私は譲らず、彼はしぶしぶ払った。このような繰り返しのなかでしだいに彼の不満は強まっていった。ここで重要であったことは、憤っていたのが彼だけではなかったということである。私は彼が心理療法の設定の本質的な部分を軽視していることに憤っていた。しかし、私は自分が怒っていることはうすうす気づいていたが、その怒りにはっきりとした形を与えて考えることもなく、したがってそれが彼に対する自分の態度に影響する可能性については十分に検討してはいなかった。おそらくそうした逆転移的な行動化のあらわれとして、あるセッションで私は彼の連想の退屈さに耐えかね、性急に介入した。私の彼への苛立ちは明らかであった。彼は私の介入に腹をたてて、セッション途中で帰っていった。

彼の治療に生産的なものが兆してきたのは、この一連の闘いの局面の後であった。彼が怒って面接を途中で放り出して帰ってしまった後も、彼はいつも通り規則的にセッションに現れていたが、実は彼はこっそり他の心理療法家にセラピーを頼みに行っていたのだった。その心理療法家から断られたことを彼が報告したときに私が驚いたのは、彼の表情にある種のはじらいが浮かんでいたことだった。傲岸不遜な彼は確かに変化したように感じられた。実際、そのあたりから私は彼の情緒と触れ合える感覚をもてるようになってきた。

彼にとって、このような形で誰かに怒りをぶつけたのはおそらくはじめてのことであったろう。それが可能になったのは、私の考えでは、私自身がまぎれもなく憤り、怒っていたからであった。こうした局面はそれ自体、治療者としての自分を維持することが危機にさらされるという事態であるが、怒りがあまりにも必然的なものであると体験されるために、その場で吟味の対象となることが難しく、性急な介入という形で私がしたような行動化（アクティング・イン）に帰結しやすい。とはいえ、行動化が致命的であるとは限らない。間違いないと思われることは、こうした患者とのこのような局面においては、私たちが憤りを介してしか「生きて」いることが難しいということであり、裏を返せば私たちが、不毛と反復という「死」から怒りという道筋を通じて、ようやく脱出できる可能性を生み出しているということである。

（2）いい気なもんだ、という軽蔑

彼らの尊大さ、傲慢さ、誇大性に対する憤りめいた感情の裏に、私たちはそれと相補的な情緒を体験しがちである。私たちは彼らの尊大さや傲慢さが彼らの実体的なありようとそぐわないことを直観的に感知する。彼らの実体は貧困で空虚で不毛であり、いかにかりそめの栄光に包まれているかにみえたとしても、この世の現実のなかで彼らはその病理のゆえに結局は非生産的で無能である。私たちはそう感じ、それに気づいたとたん、彼らを嘲笑したいような感覚を自覚するのである。

誰かの誇大性が現実の裏づけをもっていれば、それは現実的な誇りであって、その人が自己愛者であるとは感じられないであろうし、私たちは彼を尊敬するであろう。もちろん彼は治療を求めることもないだろう。またたとえ私たちが内的貧困や無能を誰かに感じても、相手がそれに自覚的であったり、恥じていたりすれば、私たちに軽蔑の感情はそれほど動かないであろう。しかし自己愛者を前にしたとき私たちは、彼らが実体の貧困や浅薄さや無能を自分自身のつくりだす誇大性という錯覚によって無意識的に（他者からも自分自身からも）隠蔽し糊塗しようと試みている、と感じるからこそ、そしてその試みの意図があまりにも明白に感じ取られるからこそ、彼らを蔑むのである。「いい気なもんだ」というこの思い、そして、化けの皮が剥がれているのにまだ芝居をしようとしている愚か者だ、というこの思いは、彼らの傲慢さによる私たち自身の傷つきを立場の反転によって防衛しているともいえ、その意味でこの感情にとらわれることは、私たちが彼らとの「目には目を」的な報復の世界にはまり込んでいる可能性を意味してもいる。

一般にある空想や情緒が意識されないままになった場合、私たちがその感情にもとづいた行動にかきたてられがちである（Freud 1914）という事実は、精神分析過程の本質に横たわるものであると考えられてきた。そのとき情緒や考えはこころのなかのできごとにとどまらず、具体的に治療場面という現実世界に具現する。私たちが無意識の憤りを行動化する場合、それは患者への攻撃となってあらわれるので事態は比較的早い機会に明瞭にならざるをえないが、患者への無意識の蔑みはもうすこし事態を複雑にする。私たちは蔑みの感情を自覚しないとき、何も行動しないという行動、事態を冷笑的に放置するという行動で行動化することが多いのである。そのため事態は、誰も気づかないあいだに取り返しがつかなくなるまでに進行することになりがちである。治療者は患者のふるまいに対して寛大さを無意識に装って放置し、結局患者の自己破壊を助長するのである。そこには、「どうせおまえは自分では何もできないのだ、それを思い知れ」という治療者の無意識の願望が作用している。

症例《殿様》

強迫症状を訴えてセラピーを開始した青年は、長い非生産的なひきこもりの期間をへて、治療開始後六年目にようやく大学を卒業した。彼は卒業直前に私が拍子抜けするほどあっさりと就職を決めた。勤め出した彼は表面的にはまじめに勤めていた。やがて周囲の同僚や上司をどこか見下した感じがセッション中に顔を覗かせはじめたが、私はそのことに特に触れることがなくやり過ごしていた。半年もすると、尊大な態度のわりに実績が上がらない彼に対して職場の風当たりは厳しくなって行った。自分に目をかけてくれていると考えていた上司が彼の仕事ぶりを批判したことをきっかけに、彼は不眠がちとなり、食欲も低下し、会社を休み始め、数カ月の休職に追いこまれた。

彼は会社への憤りを徐々に口に出しはじめたが、その怒りは、彼が大学卒であるのに会社の同僚上司のほとんどが高卒や専門学校卒であり、それにもかかわらず彼らの方が自分より仕事もでき、幸福にみえる、という事実を受け入れられないと感じるゆえであった。やがてセラピーの開始以来、私が意識下で微かに感じ取っていたらしいがはっきり形になって明らかになっていなかった彼の信念が、しだいに口にされるようになった。その信念はすべてが意識的なものではなかったが、彼を深いところで支え、操っていたものであった。その信念によれば、大学卒の者は高校卒の者よりも必ず優遇されて幸福であり、一流大学を卒業して一流企業に背広を着て働けば必ず幸福になれるのであった。思春期から彼は自分が大人になったあと、「背広を着て」一流企業に働く姿を漠然と想像していた。しかし、大企業で自分が何をするのか、そこに働くことがどういう意味で幸せなのか、彼は考えたこともなかった。「とにかく」それは幸せなことなのであった。それは彼と私がよく使った表現を借りれば「水戸黄門の印籠」のように万能的で、しかし実体のないがらんどうの信念であった。彼が中程度の進学校と目される高校しか卒業しておらず、しかも高校のときに発症したためにけっして一流とはいえない大学にしか進めず、しかも卒業に長期を要したのにもかかわらず、彼にとっては「進学校はそうでない高校より偉」く「大卒は高卒より偉い」のであり、大卒の社員は高卒や専門学校卒の社員より無条件に優遇されるはずであった。彼が今の会社にあっさりと就職したのは、自分にふさわしい一流企業に入るまでの腰掛のつもりだったので、「どこでも同じ」だと考えていたせいであった。

彼のこの信念が何カ月かのあいだに語られてゆくうちに、彼への軽蔑がはっきりと私には自覚されてきた。彼はまったく何も考えておらず、ある種の非現実的な万能的きまりごとによって考えることに蓋をしているのだった。私は無脳児という言葉さえ連想した。そうした軽蔑がおそらく彼と私の関係の本質的なところから発していることを悟った私は、自分のこころをまさぐってみた。ほどなく私はその軽蔑がかなり前から自分のこころにあったらしいことに思い至った。セッションの時間を彼の都合で特別に早朝に設定していた時期でも私がそうするのが当然であるかのように彼がふるまっていたこと、私のやむをえない事情でのセッションの臨時の休みに対して私の患者のなかで彼だけが「困りますよ」としつこく不平を言ったことなどが想起されてきた。彼の就職以後の同僚たちへの態度だけでなく、そうしたさまざまなエピソードのなかから、彼の裏づけを欠く誇大性の微かなあらわれに確かに私は気づいていたようだった。そしてそれを私は蔑んでいたらしかった。それにもかかわらず私が彼の職場での誇大的な態度についてコメントをしてこなかったのは、ある種冷笑的な放置である可能性があった。そうした理解を背景に私が彼の信念の非現実さに彼自身不安であった可能性を解釈し始めるにつれ、彼は自分が「何も考えていなかった」ことを認め、半年の休職後復職し、自分を「殿様みたいに」考えるありかたを吟味するようになって行った。

私たちは自分が患者を軽蔑していることを否認しやすい。それは、患者に「よい感情」を向けることが人間的である、というそれこそ非人間的な決めつけに満ちた思い込みによる場合もあろう。あるいは、自己愛者に向ける軽蔑が上述のように彼ら自身の私たちやこの世界に対する軽蔑の反転であることを私たちが直観的に悟り、軽蔑の応酬による不毛な反復に閉じ込められることへの恐怖に無意識にとらわれることによる場合もあるだろう。後者は自己愛者に特異的な転移と逆転移の交錯の産物であるが、前者の思い込みは心理療法家としての基礎的な訓練の不十分さだといえよう。

よい感情を向けるのが「人間的」だという決めつけに関しては、たとえば、私たちの感じる親しさの感覚が軽蔑とある種連続した側面をもつ情緒であることを思い起こすべきであろう。思春期の子どもが「あいつは馬鹿だから」と友人を語るときには、ほぼ間違いなく親愛の気持ちがこめられている。馬鹿な子ほどかわいい、という俗諺には真理がある。私たちが患者を軽蔑さえできないとすれば、私たちは彼らに近づくこともできないのかもしれない。軽蔑が私たちの人間的感情のスペクトラムのなかで建設的な意味を潜在的にもつものだということ、ひいてはえてして「よくない感情」とされがちなすべての感情においてその事情が同じであることを前提として、心理療法家は患者もしくはクライエントに向き合わねばならないのである。

一方、軽蔑の不毛な応酬への恐怖の方はある程度必然的なものである。しかし私たちがその恐怖に支配されて事態を否認することは、なりゆきを不毛のものにする。彼らとセラピーで関わるとすれば、そうした袋小路、不毛な反復に巻き込まれることは必然だということを前提とせねばならない。必然を恐れるあまりそれを否認するとすれば、私たちはその必然のなかに永遠に閉じ込められるほかない。この患者においても、私が自分の軽蔑に向きあってはじめて事態は動き出しているのである。

（3）無力感と麻痺

自己愛的な患者はしばしばよく話すし、その話もいかにも意味がありそうで、魅力的に感じられることが多い。治療者からの介入に対してもいかにも情緒的な反応を返してくるようにみえる。それにもかかわらず、私たちは彼らといるとき、彼らが私たちに向けて話しているのではない、という感覚をもつことがまれならずある。彼らは誰かに話しているが、それはここにいる自分に対してではない、という感覚が、物理的には確かに自分と話している患者を前にまざまざと感じられるのである。また、彼らが大げさな感謝や納得の身振りをして受け取った治療的介入が、まったく彼らの身になっていないことを悟ることも多い。逆に、私たちのした解釈をまるで自分が考えついたもののように次の回に語ることもある。いずれにせよ私たちの貢献はまったくなかったことにされる。このようにして私たちは、彼らにまったく自分の存在を認識されていない、という気持ちをもつことになる。

私たちが患者もしくはクライエントを臨床的に援助することは、単に一個人が一個人を直接に援助するということではない。すでに述べたように、私たちは彼らに心理療法というひとつの文化的営みに参加してもらうことを通じて彼らを援助する。ウィニコットが「心理療法は遊びである」（Winnicott 1971a）というとき、彼は心理療法的援助がひとつの媒介的領域を舞台とした文化的営みであることに触れている。そして健全な文化がすべてそうであるように、患者たちが心理療法という文化のなかに参入することを選んだ本質的理由のひとつは、彼らがそれを意識していないことがほとんどであるにせよ、この文化的営みに参加することを通して得られる満足なのである。ところが、自己愛的な患者はその満足を体験できない。何らかの理由によって、彼らは文化の根源にある人間と人間とのあいだの象徴的媒介的つながりの世界から締め出されているために、満足を体験できない。そのために生まれる疎外感、「人の世」に生きることができないことからくるよるべなさ、その苦痛を否認するために、彼らは他者の文化を軽蔑し、否認するしかないのである。

このような自己愛的な患者の動きに対して、(1)で述べたような憤りで私たちはまず反応するであろう。その瞬間の私たちはまだ文化のなかで生きている。しかし、状況が膠着するにつれ、私たち自身もしだいに絶望と無力感を強めてゆく。軽蔑され、排除され、否認され、無視され、人間として扱われないという仕打ちにさらにさいなまれることによって、やがて私たちは考えること、感じることを麻痺させ、かりそめの心理的「死」によってそこをしのごうとし始める。こうして私たちは「死んだ」セラピストになる。治療者が「死んで」しまえば、もちろん患者の変化は期待できない。このことは自己愛的患者が**原理的に難治**であるということである。彼らはたまたま難治であるのではなく、必然的に難治なのである。私たちがその麻痺、その「死」をどう体験するか、それをどのように扱うことができるのかが、その後の成果にとって決定的に重要であることは論をまたない。

症例《舟》

ある自己愛的な青年とのセラピーは行き詰まっていた。彼との二年のつきあいのあいだ、彼は尊大に職場でふるまい、いさかいを起こし、その職場を脱価値化して去る、ということを何度か繰り返していた。私は彼の誇大性、自己破壊性を彼に指摘し、彼の職場との関係のもち方を父親との関係の文脈で解釈したりしていた。彼は平板にその解釈を受け取るのだが、それがまったく彼のこころに触れていないことは明らかだった。その証拠に彼は新しい職場でまた同じパタンに陥るのであった。

そのセッションで彼がまた同じように職場を去ることが決定的になったことが報告された。彼は例によって同僚や上司の悪口を言い募っていた。私は何も言う気が起きず、何も考えたくなかった。ただ彼の話を聴いているふりをしていた。数分の時間が流れ、気がつくと、対面でのセッションであったにもかかわらず、私はそのメモ用紙に落書きをしているのだった。（私は面接中ほとんどメモをとらないのだが、セッション後の予定が詰まっていて、すぐに記録をとれないことが予想されると、キイワードをいくつか書きとめるためにメモ用紙を持っていることが多かった。）私はひとつの単純な図形を無心に何度もなぞっていた。ふと、それが舟の形に似ていることに私は気づいた。すると私のなかに思春期に毎年課せられていたボート訓練の記憶がよみがえってきた。海で四人漕ぎのボートを漕ぐのだが、私は不器用でなかなか他の三人と調子を合わせられなかった。そのために私たちの班は何度もやり直しを食らった。灼けつくような夏の陽射し、入道雲、ひりひりするような喉の渇き、油のように凪いだ内海の風景、強烈な焦りの感情が私の意識によみがえった。そうした記憶の想起は私を生々しく苦しくさせた。

気づくと彼はまだ上司の悪口を続けていた。他責的な彼を私は、いつもひとのせいにしてばかりいる、と批判的にみていることが常だったが、不思議なことにいまは少し違って見えた。彼は（あのボートの上の私のように）誰にも合わせることができず、（あのときの私と同じような強烈な無力感のゆえに）誰かのせいにするしかないのだ。ふだんだと不愉快でしかたのない彼の他責的な連想があまり苦にならないことに私は気づいた。同じ彼の連想がまったく違った形になって私の前に姿を現したのだった。このセラピーが生産的な雰囲気を帯びはじめたのは、ふりかえるとこの頃からであった。

私は彼の前でひきこもった。舟は私の記憶のなかの舟であったが、それは彼の職場での体験世界、ひいては彼の内的対象世界が姿を現す場所だった。しかしその世界は私の体験として姿を現した。それは私のものでもあり、彼のものでもあった。彼が私に味わわせた無力感と麻痺も彼のものでもあった。私は彼の死んだ世界を私の世界と重ね合わせることによって、そこにパーソナルな命を吹き込むことにかろうじて成功した。その結果、彼の連想（上司の悪口）はまったく違ったものとして私に再発見されることになった。こうして転移 - 逆転移状況はまったく形の違うものとして私に、そして彼に体験され直されることになったのである。このセラピーの経過のなかで、私が精神分析の理論や自分の臨床体験といったものとつながって生み出した解釈を、彼は受け取れないできた。そのように私がこの世とつながることは彼にとって圧倒的な脅威であったからでもあるし、誰かと誰かがつながって生み出したものが「生きた」ものであることが彼には認められなかったからでもある。しかし、私が彼と、彼の「死んだ」世界と真の意味で象徴的につながることを通して、ようやく私は「死んだ」世界を「生きた」何かに変えることができた。その過程を通じてようやく、彼は「死んだ」世界から脱出して「人の世」を生きはじめたのである。

逆転移に「利用される」こと、心理的な「死」を「生きる」こと

最初に述べたように、私たちの前に「自己愛人格」の患者がいきなり現れるのではない。いま述べてきたような逆転移を私たちが体験することがまず先であり、その逆転移にもとづいて思いをめぐらすことを通して、患者が「自己愛的な」人間であることを私たちは理解するのである。この事態をより体験に近い形で述べるなら、「自己愛的な患者」は最初からそこにいるのではなく、私たちが彼らとともにそこにいるということをどのように体験するか、ということを通じてセラピーの空間にはじめて生み出されるのである。つまり「自己愛的な患者」は、彼らと私たちが交流するなかで彼らと私たちとで創り出したものであるといえるであろう。いいかえれば患者は治療のなかではじめて「自己愛的人間」として受肉するのであり、彼の自己愛は逆転移（とそれに結びついた転移）のなかで形を与えられ、私たちに見知られるのである。

私たちの自己愛者に対する臨床的な課題は、この逆転移を軸として展開する。彼らとの出会いは上述のようなものを例として示されるような逆転移的困難に必然的に彩られる。彼らとの交流が意味のあるものになることは、この逆転移的困難の「抵抗」「障害」を乗り越えた後で、彼らにとって本質的な内的な課題を処理することではない。むしろ自己愛者との治療で最も本質的なことは、この逆転移的困難が形を現し、そして形を変えてゆく過程そのものなのである。

上に挙げた三つの逆転移的体験の形、憤り、蔑み、麻痺はそれぞれ、患者の対象世界がセラピーの空間のなかで現れたときの治療者の反応の一側面を切り取ったものである。こうした側面によってかたちづくられるものの全体の形を見極めることは難しいことであるが、私はそこに展開している世界が「死んだ」世界であることが着目される必要があると思う（Ogden 1995）。

人間と人間とのあいだの意味のあるパーソナルで相互的な関係性は、自己愛者たちによって、おそらくそれを失うことあるいは分離への脅威を体験することを回避する目的によって、最初からなかったことにされる。したがって、意味のある対象もそれとつながる自己もそこにはないことになる。最初からなかったものを失うことはできないし、出会わなかった存在と別れることはできないし、行かなかったところから立ち去ることはできない。そこでは喪失や分離の痛みを体験することがない。そこには失うことが自分にとって痛みとなるような価値あるもの、意味をもつものが何ひとつない。興奮は偽りの興奮、倒錯的な（非生産的な）興奮としてしかそこにはない。これは生産的な結末と深い安息をその後にもたらす正常な興奮とはまったく対照的なものである。そこは巨大な空虚であり、死の空間である。彼らとの治療においてこの強い「死んだ」雰囲気がセラピーの空間を満たしてくることは必然である。

私たちはその「死んだ」世界にさらされ、つながり、ある程度蝕まれることを覚悟しなければならないだろう。しばしば「逆転移を利用する」というようなフレーズが望ましいこととして口にされる。私はこのフレーズを無自覚に使用することには、彼らのような重度の病理を抱えた患者の場合、危険がつきまとうように感じる。このフレーズは私たちの側の、逆転移を利用できる能力、主体的な「私」である能力を前提としている。しかし、「逆転移の利用」が問題となるような臨床局面においてこそ、私たちはおそらくこの能力を大幅に制限され、奪われていることがほとんどである。それどころか上述のようにほとんど麻痺し、心理的に死んでいる可能性さえある。

誤解を恐れずに言えば、私たちはむしろ、逆転移に「利用される」のではないだろうか。私たちは一義的には、彼らの生が逆転移の形で（より正確には転移‐逆転移の形で）再び生きはじめる場所を供給しているにすぎないのではないだろうか。私たちはその状況のなかで、彼らのいったん死んでしまった生を部分的に生きなおしていると言ってもいいだろう。そこでの私たちの仕事は、逆転移を「利用する」というような、他人事的、操作的、機械的な営みとして語られるべきではない。それは、私たちが自分自身の生の形をある程度維持しながらも患者がもちこんできた逆転移を「生きる」こと、もしくは私たちのこころが逆転移という形でもちこまれた彼らの心理的「死」を「生きる」ことを許すことである、といえるのではないだろうか。このようは営みぬきでは、自己愛者との心理療法実践は、彼らのもちこむ強烈な「死」を拒否するだけで汲々とするだけに終わってしまうだろう。そうした深い意味での受容的な営みのなかで、私たちは憤り、軽蔑、無力を自分のものとして体験しうる。その営みのなかに入り込んだ後、私たちができるだけこころの自由を失わずに物思いをめぐらし、「生きる」ことを模索するならば、私たちはやがてひとりでにある出口に立っていることに気づくのであろう。「逆転移を利用する」とは私にとって、逆説的であるが、このようなことではないかと感じられるのである。

第四章　ものが単なるものでなくなること

——わからないこと、生きていること、開かれること

演劇の空間における「もの」

小さな劇団の演出家をしていた頃、私は小道具に凝っていた。というより、私は小道具にまつわるある瞬間が無性に好きだった。それは、何の変哲もない土瓶とか眼鏡とか包帯とか西瓜とかが、突然何か思いもかけない特殊な意味の様相を帯びる瞬間であった。私は演出家としてそういう瞬間を求めつづけていた。

たとえば、女に逃げられた男が西瓜をかじっている。西瓜を男がかじりかけのままちゃぶ台に置く。西瓜にゆっくりとほぼ真上からスポットが当たりはじめる。懐かしげな音楽が聞こえる。その響きのなかで西瓜は光を浴び、男は相対的に薄暗い影のなかに沈み込むことになる。西瓜はその光のなかでなおも西瓜でありつづけている。その西瓜のあまりにも「もの」的な相貌は男の孤独な情緒や存在の形をくまどり、かえって痛切なものとして際立たせる。どのような言葉よりも、光を浴びた西瓜が何かを語るのであり、この瞬間西瓜は完全に役者を「食って」いる。主役は西瓜になっている。

そのとき不思議なことが起きる。かじりかけの切り口からゆっくりとしみだす西瓜の果液が、ある特殊な、たとえば血のような、たとえば汗のような、たとえばミルクのような何かとして見る者に体験されはじめる。そのとき、西瓜は、いやおうなくあまりにも西瓜であるにもかかわらず、あるいはそうであるがゆえに、もはや単なる西瓜ではなくなりつつあるのである。

フロイトは一九一二年に、「分析家の無意識を患者の無意識に対して電話の受話器のようにさしむける」（Freud 1912）という有名なフレーズを記した。そしてこのアイデアを彼は基本的に維持しつづけた。フロイトがすでに、いわゆる後期理論への大きな認識論的転換を遂げつつあった一九二三年にも、彼は依然こう書いている（Freud 1923）。

> 経験がすぐに明らかにしたことは、分析医が採用してもっとも利点の多い態度が自分自身を無意識心的活動、**平等に漂う注意**の状態にゆだねることであることであり、…中略…それによって患者の無意識の漂い drift を自分自身の無意識によって捕まえるのである。（p.239　筆者訳、強調は原著者）

精神分析の営みをこのようにとらえるとき、患者を分析することは合理的推論、理論的思考によるものではなく、直観的で一次過程的な活動に依拠することを意味する。患者を知るということが分析家の意識から隔てられた無意識を媒介にしてしかなされない、というこの認識は、分析家は意識のなかでは患者を真に知ることができない、ということを語っていることになるだろう。このことを次のようにも言いかえられる。私たちは「知らない」「わからない」という意識的体験をもつことに開かれない限り、精神分析の営みに十分に参加することができない、と。

症例《写真立て》

彼女は慢性の抑うつ、ほぼ完璧な冷感症、生活のすみずみにまでいきわたった不毛で空虚な感覚、ほとんど人格の一部になった慢性の希死念慮、複数回の自殺企図といった症状をもっている高学歴の専門職につく離婚歴のある中年女性であった。いろいろな種類の治療をへて私のところにたどり着いたこの患者を、私自身は英国学派の言う意味でスキゾイド人格だと理解していた。あえて記述的診断を呈示すると、大うつ病不完全寛解、特定不能の解離障害、特定不能の人格障害といった診断を併記することになるだろう。彼女は幼児期に父親をなくし、数年間何カ所かの親戚に預けられた時期があった。彼女の治療は週二回カウチを使って行われた。

彼女は「たとえば自分の一番好きなものを食べたら誰でもうれしいでしょう。でも私はそれがおいしいということはよく**わかる**し、ひとからも味がよく**わかる**といわれるのに、食べてもちっともおいしいとかうれしいとか**感じない**のです」と語り、人生から「生きている喜び」が剝ぎ取られていることを端的に表現した。そして、私との分析的治療に彼女が望むことは、そうした「生きる実感」が回復することであった。回復という言葉は不適切かもしれない。彼女の記憶している限り、彼女はものごころついたときから「生きる実感」や「喜び」や「欲望」（彼女の言葉。彼女はこのような書き言葉的言葉で語る）を体験したことがない、と思われていたからである。とはいえ、彼女は長いこと仕事を続けてきていたし、それなりの社会的な成果もあげている。さらに彼女はプライヴェートな対人関係からひきこもっていたわけでもない。実際彼女は離婚以来何人かのボーイフレンドと性交渉のある関係をもった。しかしそれはつねに、「断るとわるいから」そういう関係になったのだ、と語り、その相手がいなくなってもほとんど気持ちが動かなかった。そのくせ、そのような相手の誰からでもいっしょに死んでくれ、と言われればいつでも死んでもいいと思います、と彼女は言うのだった。

このような対人関係の特徴は私との関係でも同じように現れていた。セッションでは、たとえば彼女の仕事のことやボーイフレンドとの情事などについて、絶えず表面的にはつながりよく語られ、沈黙の時間は少なかった。そうした意味で彼女は分析の営みに参加しているようにみえた。しかし私が彼女の話について何かを語っても、彼女はすぐにそれについての整理された説明をし尽くすか、「それはちょっとわかりません」とひとこと発した後何ごともなかったようにまた話し始めるのだった。彼女には疑問や好奇心や戸惑いや迷いや発見が、すなわち漂い drift がこの場で体験されなかった。私が言ったことが正解であるかどうか、もしそうならそのわけは何か、そしてその正解を自分がわかるかどうか、そういうことが問題なのであった。いいかえればそこは学校のような場所だった。しかし、私自身はこの事態をそのように名づけて意識していなかった。彼女のそうした態度に触れてみても、たとえば好奇心がない理由についての饒舌な説明がまたしても続くのだった。彼女は私との分析の営みに生きて参加してはいなかったのである。しかし同時に私との治療は、「実感はないけれどいままでの治療とは違う。もし何か変わるとしたらこれしかないものだ」と理想化されてもいた。この、つながりがあることになっている、けれどそれが実感として体験されることがない、というありかたは、離婚以前十五年間の彼女の夫婦関係でも同じだった。私はもちろんそのようなことを解釈したが、そのような解釈に対して彼女が何かを「感じる」ことはなく、単に「知っていること」として処理されるのだった。

さて三年目にはいる頃、彼女の抑うつは症状学的には大幅に改善し、欠勤はほとんどなくなっていた。が、空虚感、不毛感、生きる実感の乏しさについての自覚は彼女を以前にもまして苦しめていたし、膠着した治療状況が続いていた。私はこの頃の治療状況を、彼女の死んだ世界、死んだ人生そのものが治療空間に具現していることとしてとらえていた。

その状況が打開されるきっかけになったと感じられるセッションを呈示してみよう。

＊

セッションが始まると彼女は仕事について例によって見かけ上活発に話した。このかなり強迫的な饒舌がその死んだ世界に生気をもたらそうとする絶望的な努力であることを、私は意識的に**わかって**いた。でもそのようなことを言っても何もならないだろうということもすでに私には**わかって**いた。そして自分の強い無力感や事態と関わることが絶望的に難しいという感覚が、投影同一化によって私にコミュニケートされた彼女自身の感覚であると考えられることも図式的にはうすうす**わかって**いた。しかし同時に、そのように何もかも「わかること」自体が、すべてをわかり尽くし、その実自分は何も体験しない、という彼女のありかた、死んだ世界の一部だということも私には**わかって**いた。ここで何を言っても気の抜けた、形をなぞるようなものになるしかない気がして、私は結果的に彼女に何も話しかけることができなかった。しかし、彼女の身のない話を黙って聞いていること自体が彼女の死んだ世界の一部として巻き込まれていることであることもまた確かだった。私はいやおうなく、ともあれ彼女の話を聞いているしかないのだった。私は閉じ込められていた。彼女の話はもはや「わかっている」話であり、私はほんとうに彼女の話を聞いているわけではなかった。

　ある種の空虚な感覚のなかで、私はぼんやりと私の椅子から二メートルくらいの位置にあるデスクを眺めていた。やがてその上にある私の娘の写真の入った写真立てに目が行った。私は治療セッションのないときにはそのデスクで物を書いていることが多かった。すでに彼女の前の患者の治療時間に私は、ふだん治療中にはクライエントからも私からも物理的に見えない位置にあるそれが、その日に限って何かの加減でクライエントが首をまわせば目に入る位置に来ていることに気づいていた。考えてみると、それは私がその前の昼休みに掃除をしたせいだった。それに気づいたとき、休み時間にそれを元の位置に直そうと思ったのだが、私は忘れていたのだった。

ところが、いま彼女のセッション中に写真立てをもう一度意識してみると、私は自分が妙に困惑した気持ちで落ち着かなくなってきたことに気づいた。彼女が首をまわさないかどうか警戒する構えが私のなかに生まれているようだった。私がその写真を彼女が見ることに不安を感じていることは明らかなようだった。私は、その自分の困惑をいくぶん奇妙なものだと感じはじめていた。前の患者のときは、こんな気持ちにならなかったのにいまはどうしてこんなに困惑しているのだろう。いったい彼女が私の娘の写真を見たとして、動揺したりすることが考えられるだろうか。否。彼女は私のパーソナルな存在に何の関心を示したこともなく、その不思議な手応えのなさはすでに何度かふたりのあいだで検討されていた。「先生はお医者様ですから、個人的な関心は出てきませんよ」いつも彼女はあたりまえのようにそう言うのだった。しかしいま私はなぜかたしかに困惑していた。

やがて私は彼女の話の方に再び注意を向けた。仕事の話は終わり、彼女の私生活のこまごまとしたことが語られていた。私はどのディテールにも興味が動かなかった。いつものように彼女の話は途切れなくよくまとまり、努めてわかりやすく話そうとしている、という感じだった。それはそこで生み出された、というより、たとえ実際は初めての話でもすでに準備され練り上げられている感じがあった。私は自分が大学で授業をするときのことを連想した。

そのとき、久しぶりにひとつの夢が報告された。彼女が夢を報告することは比較的珍しいことだった。

板張りの部屋に子どもたちといっしょに私が入ってきます。私は小学校低学年。そこは学校の教室みたいな感じ。みんな座って何か待っているが、自分はどうも違うところに来たような感じがしています。それで別の部屋に行くが、そこでもみんなが座っています。そこでも違うなと感じていますが、みんなが静かにしているので動けません。私は、このままじっとしているしかない、と感じています。

このとき、私の頭に突然に彼女の父親が教師であったことが思い出されてきた。私はそのことをずっと前から知っていた。しかし、この瞬間までその事実は単にひとつの事実に過ぎなかった。そのことに思いめぐらすと、この面接室が学校であって、彼女が授業をしたり、正解を言い渡していたのだ、という考えが形になった。そういえばこの面接室も板張りなのだった。

そのとき写真立てにまつわる私の先ほどの過剰なほどの不安に満ちた反応が、別の視点から浮かび上がってきた。その私の過剰な反応は、彼女が私を父親だと体験しはじめていることに私が反応しているものなのだ。つまり、彼女が私の娘の写真をみることで強い嫉妬を感じるのではないか、と私は無意識のうちに空想しているようだった。彼女の私に対する愛、転移のなかの父親に対する愛情を嫉妬によって傷つけてはまずい、と私は不安がっていたのだ。

ふりかえると、いままで彼女が五歳の頃亡くなった父親について私たちは十分に話し合ったことがなかった。父親は彼女の生活史の整然とした物語のなかに登場した遠く現実感のない人物に過ぎなかったし、その物語のなかでも、「父親の顔も死んだときのこともおぼえてないし、そのことで人から何か言われてもぴんとこなかった」と彼女は語るに過ぎなかった。けれど私は、いまなら触れることができるのではないだろうか、と感じた。

なぜなら、いまここに父親が単にお話でなく具体的に姿を現しているように感じられたからである。

私は言った。「あなたは夢のなかで誰か、みんなが教室で待っている人とは違う誰か、別の教室に居るかもしれない誰かを探していたのでしょう、そしてそれが父親ではないかと思ったので探す勇気がなくなったのではないか、と思うのです」と。彼女は少し間を置いて「それは**わかりません**でした」と反応した。その調子がいつもの平板なものではないことに私は気づいた。そこで私はさらに言った。「あなたと私はこの板張りの部屋でも二年間会ってきましたが、いまはっきりわかったんですが、それは学校の授業のようでした。そこではあなたが先生のように私に授業をしていたり、私という先生があなたという女の子に答えを教えたりしていたようでした。いま私にはあなたのお父さんが先生だったことが実感されてきました。あなたはここにもお父さんを探しに来ていたのかもしれません。そしてあなたが気づかないあなたのこころの奥の空想のなかでは、そのお父さんはたとえば、いつも近くに娘を置いて眺めてかわいがっているような、そんなお父さんなのでしょう」と。

彼女は沈黙した。それは彼女との治療を始めて以来、おそらく最初の長い沈黙だった。饒舌な死の世界は消えていた。やがて彼女は口を開いた。「父のことを私が思っていることは**わかりません**でした。でもそうなのかもしれないと**感じます**。父が死んで以来、私は落ち着かず、あちこち動いてきたのだと思うんです。」時間になるまでの数分間、彼女は沈黙しつづけていた。私も、彼女が生まれてはじめて父親の死を悲しめているのだ、と感じながら、黙ってそこにすわっていた。

わからないこと、生きていること、開かれていること

この局面は彼女と私との、「わかっている」世界から「感じる」世界への進展を描き出している。彼女はつかのまとはいえ、たしかに揺らぎと漂い drift を体験し、この分析的な時間を「生きる」ことに成功したようにみえる。饒舌な死の世界はくつろぎと奥行きのある沈黙に姿を変えた。そしてこの局面で忘れてはならないことは、そうした進展もしくは変化は、私が「わからなくなった」ことを基礎に生じたということである。私が、机の上の写真を見て当惑と不安を味わっているとき、私はその当惑をわかっていなかった。それはたしかにひとごとでない私の当惑でありながら、私はその当惑の主体としての私を体験できなかったのである。当惑の起源、当惑の理由は私はわからなかった。そしてこの「わからなさ」によってこそ、私は揺らぎと漂い drift を体験したのである。

この局面以前において、私の体験世界は強力な投影同一化によって彼女の体験世界のありかた、すなわち何もかも「わかっている」、しかし何も生きて体験されず「感じられない」、という窒息的なありかたに乗っ取られていた。私のなかのそのような部分にとって、世界はすべて既知だった。すでに知られたもののおびただしい列が墓地の墓石のようにひしめいていた。そのとき私は、自分の内的対象世界に完璧に幽閉されている彼女の体験世界を生きていたのであろう。そこには「新しい」ものは何ひとつないのであった。

ところが、私が写真立てを気にし、その位置についての当惑を体験したとき、すでにそこには私の娘ではなく、娘としての彼女が姿を現していた。そしてそのとき私は単に私でなく、彼女の父親でもあった。つまりその写真立てに

は私の娘の写真があるのだが、同時に娘としての彼女の写真が入ってもいた。その前の患者のセッションで私が当惑を感じず、彼女がそばにいるときだけ当惑を感じたことでもわかるように、その写真立てはそのセッションに入った後、それまでの写真立てではない、新しい別の写真立てに変わったのである。そのとき、窒息的で完璧な既知性を帯びた世界、何もかもわかっておりそのかわりに死んでいる世界とは本質的に性質の異なった、新しい世界が生まれつつあった。その世界を作り出したのは他でもない彼女と私であり、写真立てはその新しい世界が生まれたことを象徴していた。

このことは次のようにも言えるだろう。私たちふたりは、すべてが既知であるような、何も感じない何も体験しない死んだ世界に閉じ込められている一方で、治療空間に父親を登場させる準備をひそかに長いあいだしていたのだ、と。私たちが不毛としか思えない形で交わしてきた対話は、その不毛性のなかに別のパーソナルな意味を準備していた。別の意味すなわち、学校、授業、質問と答といったものが姿を現して、そのなかには彼女の父親がそっとしのび込んでいた。そうした準備をひそかにしている私たちがいてはじめて、彼女は「教室の父親探しの夢」を見ることができたのだろうし、写真立てを普通の位置から動かし、その位置を直すことを忘れるといった私の行為も現れたのだろう。彼女の夢も私の失錯行為も私たちの営みの文脈のなかで生まれ、形になったものなのである。

オグデンは、精神分析の営みのなかで分析家と被分析者によって作り出される第三の主体、分析的第三者 analytic third が生み出されること、分析的体験の主体は患者でも治療者でもなくその新しい主体だということを提起した（Ogden 1994）。ウィニコットの「ひとりの赤ん坊などというものはいない、母親 - 乳児がいるだけだ」（Winnicott 1960）というアイデアに触発されたこの概念は、分析の営みのなかに、ひとりの分析家、ひとりの患者などというものはいない、という見方にもとづいている。そこには第三者がいるのである。この第三の主体は、患者の主体性と分析家の主体性との両者と対話しながら、弁証法的緊張を維持しつつ、分析の営みのなかで生きつづけ、分析的体験の主体として分析体験を生み出しつづける。

たとえばここでの写真立てについての私の失錯行為、そしてそれにまつわる異様に激しい不安の体験、彼女の夢見 dreaming の体験は、単に私や彼女が生み出したのではなく、分析的第三者という新しい主体の体験として理解することができる。私の失錯行為は単に私の失錯行為ではなく、彼女の夢は単に彼女が見た夢ではない。それらは分析的第三者がしたことなのである。その体験と私の主体性が触れるとき、私はそれを異物として「わからない」と感じ、困惑し、不安を感じる。その恐れ、おののき、興奮こそ、分析的発見の感覚の背後にあるものなのである。この視点からみると、写真立ては第三の主体によって分析的対象 analytic object（Green 1975）として新しく創造されたものである。彼女の父親が教師である、という既知の事実も、ここではじめて分析的な事実として立ち現れたのである。

私たちが分析的な治療者としておこなうべきことは、おそらくこの第三の主体の体験に人間的な形を与えることであり、その前提として自らの主体的体験と間主体的体験の交錯を十分に受け取り、味わうことなのだろう、と私は考える。

私たちは、間主体的な第三者からのコミュニケーションを、私たちの物思い reverie（Bion 1962, Ogden 1997）を通じて受け取る。物思いは意識的推論や意図的想起でなく、白昼夢的な自発的で一時的で曖昧な思考過程である。それはあまりにも取るにたらないありふれた日常的な様相を帯びていることもあるだろうし、脈絡を欠き理解を越えた想念として現れてくることもあるだろう。そして何よりもそのとき私たちは能動的に思いをめぐらしているのではない。むしろ「浮かび上がってくる」「考えがひらめいた」「ふと思いついた」という形で、それらの方から私たちに去来するのである。そうした物思いのさなか、分析的治療者の主体性は大幅に侵食されている。たとえば私がセッション中に写真立てをめぐってめぐらせていた物思いをみてもわかるように、私たちは「自分で考えている」感覚をもてているとともに、単に受身的に「考え」のいれものになっているといった感覚も同時に存在する。精神分析的治療における治療者の基本的なあり方は、そのような主体性の侵食、「わからない」体験に自分を開くことであろうと考えられる。その過程をとおして私たちは分析的第三者の体験を私たちの人間的体験によって受肉させる。いいかえれば、分析的第三者の体験はそれを受け取り、それに人間的な形を与える私たちの主体的体験をとおして、生きた声をもつことができるのである。

この素材の前に引用したフロイトの断片に含まれていた、「無意識を無意識で受け取ること」「平等に漂う注意」といった概念は、そのような主体性の侵食を前提とした間主体的な第三者と語らう分析家の主体性のありかたに触れているものだと感じられる。そこでは、私たちは何が起きているのか、そして私たちが何を体験しているのか、誰の言葉を語っているのか、「わからない」という体験をもつ。私たちは「わからない」ことによって、漂い drift に開かれる。そして患者と治療者はその漂いと揺らぎによってこそ、そこで「生きる」ことができるのである。

私たちは自らの物思いから、分析的第三者の体験に触れ、語る。私たちは原則的に私たちの物思いを直接には語らない。そのようなことをすれば、分析的体験のもつ非対称性、もっぱら患者の内的世界を相手にする、という基礎的前提を破壊するだけでなく、分析的体験の間接性を脅かしてそこを単なる「話し合い」「気持ちのやりとり」の場にしてしまうからである。分析的対話はけっしてふたりの人間のキャッチボールではない。この素材のなかでも、私の娘の写真のはいっている写真立てをめぐる物思いを私は解釈のなかに含みこんだ（「そばでいつも娘をみて喜んでいる父親」）が、写真立てについて解釈のなかでは言及していない。解釈とは私たちが「わからない」という体験、つまり分析状況のなかの認識の揺らぎにもとづく切迫した不安を基礎に紡ぎ出される、あくまで患者の世界についての私たちの考えの提供であるはずである。そして、私たちは解釈以外の介入を分析的治療のなかでおこなうことには慎重でなければならない。

「もの」が単なる「もの」でなくなることの意味

このような考えかたの文脈のなかで、再び「もの」の問題に戻ってみよう。冒頭に私は、演劇空間のなかでものがものであるがゆえにかえって、登場人物よりも生きた存在として見る側の眼にせり出してくる一瞬を描き出した。そのとき観客としての私たちが、たとえば西瓜の果液に見る血や汗やミルクは、私たちが西瓜という「もの」の上に結ぶ私たち自身の空想である。しかし、そのような空想は、舞台で繰り広げられる向こう側の世界のドラマとたがいに交流のある空想である。というのは、そのような空想を抱きながら私たちが西瓜をみつめるとき、舞台の暗がりに退いたはずの男のこころのありようが以前よりも実感的に伝わってくるてごたえが同時に生じるからである。

この臨床素材のなかの写真立ても板張りの部屋も、この舞台の例における西瓜のような機能を果たしている。私たちが分析空間のなかで生きているとき、私たちのもつ体験は現実的 **real** でなければならない。その現実性はフロイト (**Freud 1916–1917**) が「心的現実」という言葉を用いて言い表したことと重なる。心的現実、もの的な現実でない心的な現実、という言葉には最初からある種の自己矛盾がある。こころのなかで思い描かれたこと、空想、思考は本質的に絵空事である。それが現実である、という命題が正当性をもって受け取られるには、相当な飛躍が受け入れられなければならない。分析の営みが絵空事でなく、ある現実性を帯びるとき、外的な対象、「もの」はその現実性の供給源になるであろう。「もの」の外在性を借りることによって，はじめて私たちは「生きている」ということのもつ「現実性」，そして現実というものが本質的に帯びる「わからなさ」に触れることができる。

たとえば，上述のセッションで私の感じた生々しい不安と当惑は，外的事物としての写真立てがなければ体験されなかったと考えられる。写真立てという外的なものは，それまでの彼女の連想や私の解釈が構成した窒息的な既知の世界に風穴をあけ，私が揺らぎ，漂い，物思うスペースを生み出すことに寄与したのである。このあたりはウィニコットの対象の破壊と使用に関する議論（Winnicott 1968）と本質的なかかわりがあるだろう。

しかしこの「もの」のもつ現実性は，扱いかたを間違えれば分析過程を破壊することも忘れてはならない。上述の演劇の一場面の例でいえば，西瓜が私たちの眼に灼きつくときに光を投げかける，上方に位置するスポットライトという「もの」に私たちが注意を奪われてしまうと，私たちはそこで演劇的体験をもつことはできない。私たちは「しらけて」しまうだろう。そのような「身も蓋もない」「もの」は演劇的体験を色あせさせ，冷ややかに凍りつかせ，意味の共鳴を封じ込めてしまうだろう。分析的体験の間主体的文脈から隔てられた異物である「もの」は，分析的体験を妨害する。それは私たちを分析的体験の主体である第三の主体へと開かず，単なる私たちの個人的興味にその場を従わせかねない。

もちろん実践において私たちは，そのような異物を治療空間に登場させないために治療設定の物理的安定を図ろうとしている。スポットライトが目だたぬように黒く塗られてあるように，私たちの面接室もあまり「もの」が自己主張しないようにしつらえられる必要があるのだろう。


分析的対象となりえるもの，分析的体験にとって意味のある「もの」（分析的対象）は，十分な「もの」的相貌を間主体的な空間のなかに供給することが必要である。しかし同時にそれは分析的第三者の体験の一部として、つまり患者と治療者の物思いの交錯のなかに浮かび上がってこなければならない。

このことをこのようにも言いかえられるかもしれない。

分析的な営みにおいて、第三者、「父親」は母親 - 乳児の体験の範囲内に現れなければならない。しかし同時に、それは外的な様相を帯びる必要もある。

第五章　ひきこもることとつながること

臨床家の直面するアンビバレンス

ひきこもりという言葉は幅が広い。社会的ひきこもりといわれるようになった病態が現在注目されているのだが、ひきこもりという現象は私たちの面接室のなかでも起きる。精神分析的な精神療法の治療状況におけるひきこもりと社会的ひきこもりとは、必ずしも直線的に結びつくものではない。だが、私は臨床家がどちらに対しても体験する共通の困難があるように思う。

私のいう共通の困難とは、治療者もしくは援助者の感じるある種のアンビバレントな情緒である。社会的ひきこもりであろうと治療場面でのミクロなひきこもりであろうと、患者たちは私たち専門家のこころに力動的緊張をはらんだアンビバレンスをひきおこす。それは、「そっとしておきたい」もしくは「そっとしておくほうがいい」という情緒もしくは考えと、そのひきこもりに「介入したい」もしくは「介入したほうがいい」という情緒もしくは考えとのアンビバレンスである。私の思うところ、臨床家がひきこもりの患者を前にしてさまざまに悩み、考えねばならなくなるのは、この問題の取り扱いにつきる。

たとえばカウチの上で眠る患者を前にしたとき、あるいは面接中に何十分も黙りこくっている患者を前にしたとき、または面接を連絡なくキャンセルし続けている患者を前にしたとき、私たちは即座にこの問題に取り組むことを余儀なくされるだろう。その患者をそのまま眠ったままにしておくのか、目を覚まさせるのか。沈黙を維持してそのなかにとどまるのか、口を開いて沈黙というできごとを話題にするのか。そのまま患者を待ち続けるのか、手紙を書いて連絡するのか。そうした迷いのなかで、私たちのこころはしばしば千々に乱れる。
この章は、そうした私たちの生々しい迷いのなかで、そしてその迷いについて、私たちがどのように考えることが患者の利益につながるのか、という主題に向けた論考である。

ひきこもりという言葉のもつバイアス

このアンビバレンスという問題を考える前に、「ひきこもり」という言葉のもつある種のバイアスを考えておく必要がある。「ひきこもり」という言葉は、「ひく（引く、退く）」と「こもる（籠もる、隠る）」というふたつの自動詞から合成された自動詞、「ひきこもる」の名詞形である。（日本語のひきこもりにも英語の withdrawal にも引く（draw）という言葉が含まれていることは興味深い。）「引く」「退く」は運動を含む動詞である。それは外側から内側、前方から後方への動きを含んでいる。一方、「こもる」は動きを含まない動詞であり、閉ざされた空間もしくは領域に存在し続け、外界との連絡を遮断したまま維持することを意味している。したがって、「ひきこもり」という言葉は、何かもしくはどこかから退いて動かず、つながりのない状態を維持するという意味になる。

このように考えると、「ひきこもり」という言葉にはある種のバイアスがつきまとうように感じられる。すなわち、本来あるべきところから退いている、という含意が存在しているように感じられる。この言葉は、防衛的あるいは逃避的な意味合いをその陰翳として身にまとっている。個人が他者と関わらないでひとりでいる状態を前にして、それを「ひきこもり」と表現することは、すでにひとつの判断を構成しているとは言えないだろうか。この言葉には、人間にとって「ひとりでない」「誰かとつながりコミュニケートしている」状態こそが基準点であって、ひきこもる個人はその状態から「退き」自らを外部から閉ざした不自然な状態にある、という前提があるように思われる。

臨床家がひきこもりという言葉を用いるとき、この前提が暗に受け入られやすい。そのとき臨床家は、ひきこもっている個人がつながりやコミュニケーションを回復するように援助することになる。治療の戦略として直接につながりやコミュニケーションを回復するようにはたらきかけない方法を選ぶにしても、その方法はあくまで手段であって、つながりやコミュニケーションの回復のための方便だということになる。

そのような考えはほんとうに正当なのであろうか。私には、退かないでつながっていることが自然で退いて遮断しているのは不自然だ、のような直線的な概念化に対し、そのアンビバレンスが本質的な疑問を投げかけるものであるように感じられる。上述のアンビバレンスをおそらくほとんどすべての治療者（援助者、養育者、看護者、世話する人）が体験するという事実は、そのような直線的な考えかたが必ずしも正当でないことを意味するのではないだろうか。ひきこもりという現象に対して私たちが感じる「そっとしておいたほうがいい」という思いは、単に私たち自身の治療者としての未熟や無力感やひきこもり傾向の所産なのだろうか。もちろん、そうである場合も少なくない。しかし、ひきこもっている個人に接する人間がほとんどすべて体験する、ひきこもりに対するある種の敬意や尊重の感情のなかに、より本来的なものが含まれているのではないだろうか。

精神分析的な精神療法という実践は、自分の足で歩いて治療者を毎回訪れ、自らを治療者に開く患者の努力を本来的にあてにしている。それゆえ、患者のひきこもりを尊重し、つながりを遮断させたままにすることは、私たちの職業の根本的想定を揺るがす。患者のひきこもりが治療者のなかに惹起するひきこもりの尊重という感情は、治療者を危機的状況に追い込むことに直結する。私たちがひきこもる個人を前にして体験するアンビバレンスを十分に持ちこたえることができないで、つながりを再建する方にたやすく動こうとする（たとえ方便としてつながりを遮断された状態を当初維持するにしても）のはそうした理由による部分があり、「ひきこもり」という言葉が帯びるバイアスは私たちのそうした傾向に対する合理化として用いられやすいことを、銘記する必要があるように思われる。

「ひとりでいること」と「ふたりでいること」／「孤立」と「ひきこもり」

フロイトはハンス症例の論文（Freud 1909）のなかで「神経症の治療には他者が必要だ」と記述している。彼にとって、精神療法的営みの本質に他者と関わること、つながることが含まれていたことは疑いない。だが、同時に押さえておくべきことは、同じところで彼がハンスの治癒は「暗示」にもとづくものではない、と強調していることである。治療者の言葉が直接的に患者を動かすのではなく、ある距離で隔離されることが言及されているのである。

この逆説、すなわち治療者が患者とともに存在することと治療者と患者とが隔離されていることとの共存は、精神分析の設定にとりわけ具体的な形となって現れている。つまりフロイトが「固執する」設定、カウチに仰臥した患者から「見えないところ out of sight」に分析家が位置するという位置関係（Freud 1912）は、この逆説の具現とみることができる。そこでは、ふたりの人間が確かにひとつの部屋で「ふたりでいる」時間を過ごしていながら、わざわざそのふたりを視覚的に隔離するこの設定には本質的な意味があると考えられる。フロイトが「患者からみつめられることに耐えられない」と書いているように、ここにおける隔離は分析家を患者から隔離して「（自分自身の）無意識的思考の流れに身をゆだねることを許す」ことに焦点づけられている側面がある。それは、分析家が治療時間中にプライヴァシーの感覚を維持することをめざしている。

同時に、カウチに横たわる患者の方も、その表情を治療者から読みとられにくい。分析家は、たとえば患者が涙を流したかどうかさえ知ることが難しいことも多い。それは対面設定の場合とまったく違っている。通常の社交や人づきあいの基礎を構成している表情を介した無意識的、自動的、直接的な情緒交流はほとんど困難であり、ワンクッションおいた交流が生じざるを得ない。そこには当然ギャップが生まれる。さらに、患者自身の視界にはまったく分析家は存在しないわけであるから、患者は「ひとりでいる」という錯覚を楽しむこともできる。つまり、カウチを使った精神分析の空間的設定は、治療者のみならず患者のプライヴァシー、「ひとりでいること」を確保する側面があるのである。

精神分析という患者の「内的」世界、プライヴェートな歴史や空想、患者自身にも触れ得ない心的内容に触れようとする営みのもつ設定に、患者と治療者のプライヴァシーを保持し、それぞれの「ひとりでいること」を確保するという契機が含まれていることは、きわめて深い意味をはらんでいる。通常精神分析の本質的目標のように考えられる、深く知ること、深く触れることと相反する、「知らないこと」「触れないこと」の保存こそが、精神分析的実践の本質の一端であることを、精神分析設定の空間的配置は物語っている。そして、そのことは、精神分析的な人間理解が根本において人間を「ひとりである存在」としてもとらえている可能性を、暗黙に語っているのではないだろうか。

この人間の「ひとりでいること」「孤立」の本質的意味について、最初に明瞭に触れた分析家はウィニコットであったように思われる。彼は「ひきこもり withdrawal」をどちらかというと病的な意味で用い、「孤立 isolation」という言葉をより本来的な乳児の発達の流れのなかに置いたように思われる。彼にとって、ひきこもりは「何の利益にもならない」ものであるが、孤立は人間存在の中核に静かに確実に存在し続けるものであると概念化されている。

健康な人たちはコミュニケートするし、コミュニケートすることを楽しみもする。だがもうひとつの事実も同じくらい真実である。ひとりひとりの個人はひとつの**孤立体** isolate であって、永久にコミュニケートせず、永久に知られることはなく、事実上見いだされることはない。(Winnicott 1963　筆者訳、強調も筆者)

私は個人の**永久的孤立** permanent isolation というアイデアが重要であることを提起し、強調している。そして、個人の中核は非 - 私 not-me の世界とはどんなコミュニケーションももっていないのだ、ということを主張している。(Winnicott 1963　筆者訳、強調も筆者)

この孤立という概念は、ひとりでいる能力、環境としての母親、ほんとうの自己と偽りの自己といった彼の創り出したキーワードと一体となったひとつの体系をかたちづくっている。自発的な本物の「存在 being」として存在しているという感覚が生じて維持されるには、「客観的に知覚される対象 objectively perceived object」から切り離されて孤立していることが本質的に必要である、という理解は、彼の著作のさまざまなところで表現されている。

一方、彼は「ひとりの乳児などというものはいない」(Winnicott 1960) という有名なフレーズを発している。このフレーズを字面だけでとらえると、人間性の本質の一端としての「孤立」の強調とは正反対にさえ感じられる。しかしこのフレーズは、ウィニコットが考えていた「孤立」の本質に深く結びついている。このフレーズは「ひとりの母親などというものはいない」という語られないフレーズと対をなしている。

乳児のこころは母親 - 乳児ユニットという形でしか存在し得ない。そのユニットの外側の視点からは、母親と乳児とが存在している。しかし、その内側の視点から見ると、ニードが欲望になるよりも前にかなえられるために、他者もしくは非‐自己の存在は感知されない。乳児は自分の欲望に気づく必要がないし、欲望の主体としての自分自身に気づく必要もない。このありかたが“going on being”とウィニコットが記述した（Winnicott 1960）ものであり、それを可能にするものは母親の環境機能、わけても彼が「原初の母性的没頭 primary maternal preoccupation」（Winnicott 1956）と呼んだものである。その状態のなかで母親は「彼女自身を乳児のスペースで体験する」。そして乳児は対象も主体ももたないままに、無構造にしかもいきいきと息づいている。母親の環境機能が確固としていることによってまさに、乳児は母親を不可視のもの、そこにいないものとして体験し、ゆえに乳児はひとりぼっちなのである。しかし、その孤立は「生きている感覚」に裏打ちされた孤立であり、「ひとりでいること」は環境としての母親と「ふたりでいること」と絶えず共存している。

ウィニコットにとって、このいきいきとして静かな「孤立」の状態を体験することこそ（ウィニコットはそれを「依存への組織的退行」と呼んだ［Winnicott 1954］が）、神経症の水準に達していない患者の精神療法における治療作用の基礎である。乳児にとっての母親の不可視性は、精神療法設定では治療者が設定供給以上のものを与えず、ひかえめであることに相当する。重症の患者に体験の場を与える以上の何もしないことを、ウィニコットは強調した。永久に理解されない孤立体としての人間性の核を私たちが見いだし、それとコミュニケートする努力は、「原始的防衛の組織化をもたらす」（Winnicott 1963）のである。そのような努力は患者にとって侵襲 impingement として体験され（Winnicott 1952）、クライン派の言葉でいう妄想‐分裂ポジションの体験世界を生み出してしまう。この結果乳児／患者が世界への疑念と不安におびえつつ外界から自身をとざすことが、ウィニコットのいう「ひきこもり」である。

ここに対照的なふたつの概念がある。「**孤立**」においては「ひとりでいること」と「ふたりでいること」は絶えず対話しつつ調和的に共存する。そうした力動的交流はより成熟した形では、移行現象となって成人の「生きる場所」

をかたちづくっていくのである。一方、「**ひきこもり**」では、「ふたりでいること」が環境から押しつけられる結果、その交流は崩壊し、そのかわりむきだしの「ひとりでいること」のなかに患者は閉じこもろうとする。

臨床で観察されるひきこもりという現象が、ウィニコットのいう意味での「孤立」なのか、「ひきこもり」なのか、ということを識別することが臨床家にとってもっとも重要な課題といえよう。ウィニコットの考えでは、「孤立」はそのままにしておくことになるし、「ひきこもり」は環境側の失敗／侵襲とそれに伴う患者の憤りを取り扱う必要を提起する。実際の患者のひきこもり現象は、おそらく「孤立」と「ひきこもり」のふたつの構成要素が寄与しているもののように考えられ、そのために事態はさらに複雑である。

臨床素材

症例《冷蔵庫》

何年か前に私との治療から離れて行った三十代はじめの独身女性から手紙が舞い込んだ。その手紙を受け取ったとき私の体験した情緒は、もっぱら驚きであった。というのは、私が彼女から消息があることをまったく予期できないほど、彼女との治療は私にとって悔いの残るものであり、彼女との別れには実りあるものが感じられなかったからである。私の想像する限りでは、彼女は私との治療や私のことを二度と思い出したくないと感じているはずであった。彼女は私にとって、他のどの患者から手紙が来ようと彼女からは来るはずなどない、と感じられる患者だったのである。

治療開始時、彼女はほとんどすべての人間関係からひきこもりがちな生活を続けていた。

彼女の母親は強圧的で支配的な女性であり、彼女のいままでの全人生は、母親との果てしない不毛な闘いに埋め尽くされていた。母親の望みは、彼女が勉強のよくできる子であり、見栄えのいい仕事や結婚をすることであって、彼女自身の気持ちや望みは顧慮されることがなかった。その闘いを外側からみると、母親の恫喝が一方的な勝利をおさめているようにみえた。彼女が外側ではとくに母親と言い争うことをせず、表面的には母親の意を迎えていたように見せかけていたからである。一方、そのような母親との関係に割って入る力を父親はもたなかったようであった。父親は、支配的な自分の妻との関係で「苦労している」仲間として彼女にもたれかかっている、と彼女に感じられていた。そうした父親は経済的な面以外では彼女にとって頼りにはならず、それどころか彼女は父親を軽蔑しきっていた。

彼女が母親の希望にかなう大学に入学したことで数年間のかりそめの平和がもたらされた。しかし、彼女が学校生活から徐々にひきこもって学業の達成がうまくいかなくなると、母親とのあいだの闘いは再燃した。彼女はかろうじて卒業したが、その後何年かも自室にひきこもり続けた。彼女はその状況を見かねた知人に促されて専門家を訪れ、数カ月後その紹介で私との面接が開始された。

＊

彼女との対面による週一回の精神分析的な精神療法面接は、私にとって終始苦渋に満ちたものであった。彼女は高い知性ときわめて敏感な感受性をもっているという印象を最初から私に与えた。おそらくそのために私は彼女のまえでくつろぐことができなかった。彼女はいわば孤高の人といった印象をたたえていて、私にとって最初から気の抜けない患者だった。そしてその思いは私のひとつの失敗によって増幅した。治療開始の頃のあるセッションで、私は彼女にひとつの質問をした。その質問はいま考えてみても、そのくらいの回数を経過していて精神療法の動機づけがその当時私に感じられていた程度にあると感じられていれば、比較的あたりまえにするような種類のものであったように思う。だが、彼女は私の質問に、ひどい、とつぶやいてうつむき、涙ぐみ、そのセッションじゅう苦しげな表情で沈黙した。私はそのとき彼女に自分の無神経さをとがめられたように感じ、知的にはどうしてそれほどとがめられるのか納得がいかないと感じつつも、ひどくいけないことをしたような気持ちになった。それ以来私は、彼女に率直に介入することがさらに困難になった。ふりかえってみると、ひとことでいって絶えず私はびくびくしていたといえるだろう。しかし、そうした感覚はごく背景的な感覚としてあったにとどまり、私はそれを十分吟味することはできない時期が続いた。

私が意識的に困っていたのは、むしろ彼女の長い沈黙だった。一セッションのまるごと全部が沈黙で埋まることもあり、ほとんど毎回、半分以上は沈黙が支配した。そのようなときの緊張に満ちた硬質の時間の感触は、彼女と別れて数年を経過した現在も、生々しく私によみがえることがある。私は沈黙を扱いかねた。その沈黙を直接取り上げても、彼女を非難するような調子を帯びてしまいがちで、ますます事態はやっかいになりがちであった。それは私自身が彼女にとがめられている感覚に閉じこめられているせいであったろうが、このことを私はある程度自覚しながら、身動きがとれなかった。またときおり、彼女が口を開くこともあったが、高度に知性化されて飛躍の大きな比喩に彩られた彼女の話はわかりにくかった。そして、私が内容を明確にしようと質問すればするほど、迷路に入り込んでしまう感覚にとらわれるのであった。そのようなとき、私は彼女から無知で無能な存在として完璧に蔑まれているように感じ、彼女から自分が完全に追い払われているという感覚に私は圧倒された。私は自分がかろうじて生み出した理解や解釈にも何の自信も持てなくなり、私にはますます介入が困難になって、さらに私はひきこもることになるのであった。このようにして彼女と私とは相互のひきこもりを増強し、ますます袋小路のなかに入り込んでいった。

いまふりかえってもも不思議なほどに、このような転移／逆転移状況は膠着したものであり、治療を開始して二年たっても本質的な進展はなかった。私が彼女の不信感や緊張や憤りに触れようとし、わずかに意味のある交流が体験されたと感じられても、すぐに同じような沈黙のなかに彼女はひきこもるのだった。何度も何度も同じ状況が繰り返された。それでも、彼女は治療をやめようとはしなかったし、漏れ聞く限りでは少しずつであったが治療外の現実状況には進展が見られていた。

＊

治療開始後二年ほどたった頃、三セッションのほぼ完全な沈黙が続いた後のセッションで、彼女はやはり最初の十数分を沈黙した。この頃私は全体として、そのような沈黙に対して、それに直接言及するのではなく、私自身の身体感覚に近い感覚を介してそのとき紡ぎだしうる何らかの理解があるときだけ、ひとりごとのように呟くことを旨としていた。しかしこのときは、私にはいかにも図式的な沈黙の解釈以外には何も浮かんでこず、したがって私はとりあえず沈黙していた。

すると彼女はふと気弱な表情を漂わせて、その前の深夜、眠れないのでベッドから起き出してキッチンに入り、冷蔵庫からミルクを出して、それを飲んでやっと寝た、という話をした。そのとき、私の意識に、暗い真夜中のキッチンで開け放たれた冷蔵庫の光を背後から浴びながら、白いパジャマ姿でぽつんとしゃがみ込んでミルクを飲んでいる彼女の姿が、まるで実際に見た記憶であるかのような鮮明さでまざまざと浮かんできた。冷蔵庫のなかはからっぽだった。その情景は寒々しく、荒涼とした吹きさらしの寂しさをたたえていた。私はいまでもその情景を実際に見たものであるかのように思い出すことができる。私はその寒々とした感触に胸を衝かれながら、自分に浮かんだその情景を手がかりに、彼女の世界について思いをめぐらした。

彼女がその情景を介して私に伝えているものは、彼女のものすごいばかりの寂しさであり、だからこそ彼女は母親の乳房／ミルクを求めずにはいられないということのように感じられた。だが、母親の乳房は空虚で無機的で、冷蔵庫のように冷たいのであった。上述のように彼女の母親は侵入的で支配的で絶対主義的な印象を持つ人物だった。彼女が長期のひきこもり生活を続けながらも私との精神療法に通う意識的理由は母親から「病気」だと認められることで「アリバイ作り」をするためであった。彼女は強力な迫害不安を母親に抱いていた（その母親と彼女の関係は私と彼女のあいだに転移されていた）。しかしその一方で、彼女はやはり（象徴的な意味での）母親の乳房／ミルクを絶望的に求めていたのだ。私はそのようなことを思い、絶望しながらも押さえきれない彼女の痛々しい対象希求と冷蔵庫のような冷たい機械からしか安らぎを得られない寂しさに触れて介入した。そして、その冷たい冷蔵庫と機械のようによそよそしく硬い母親とを結びつけて解釈した。すると彼女は安堵するかのように涙ぐんだ。束の間の柔らかい雰囲気が彼女と私のあいだを満たし、それはそのセッションの終わるまで続いた。私は、彼女をいとおしいこわれもののように感じて、静かにそのそばにいる自分を自覚した。私が彼女との治療でかつて体験したことのないような、くつろぎに満ちた沈黙の時間であった。

おそらくこのセッションが私が彼女と触れあう感覚をもっとも強く体験した時間であった。次のセッションになると、彼女はまさに氷になってひきこもった。前回のあの幸福なつながりの感覚はもうどこにもなく、その記憶は単に私の側だけのひとりよがりな錯覚だ、と言われているようだった。少なくとも彼女はあの幸福な時間を何とも思っていない、私はそう感じた。もし私が前回のことを思い出させようとしても、ごく平板な冷淡な反応しか返ってこないだろう、と思わせるものを彼女は漂わせていた。ひょっとすると実際にあの幸福な時間は私だけの錯覚なのではないか、と私は考えそうになるほどだった。私と彼女のつながりはまさに具体的かつ暴力的に否認されていた。

この頃を境に彼女の面接でのひきこもりは急速に固定化していった。ここにきてもしかたない、という発言が目立つようになり、半年もしないうちに彼女は治療を離れた。

＊

それから二年して彼女はこの素材の冒頭に言及した手紙を送ってきた。その手紙には、彼女が現在ある田舎町で工芸を学んでいること、もう家に戻る気持ちはないことが書いてあった。そしてさらに彼女があのあと別の治療者のセラピーを受けたことが書かれていた。

その手紙は、彼女が私とのことで学んだおかげで新しい治療者とはうまくいった、私は彼女をわかろうとすぎたが、彼女は今度の治療者にはほとんどわかられずにすんだ、と結ばれていた。

「冷蔵庫」のセッションで、私は患者のひきこもりの背後にあるものを理解し、それを患者に解釈した。その解釈は成功したかにみえ、束の間のつながりの回復の感覚が安堵をともなって私たちふたりに訪れた。しかし彼女はその後急速に、以前にも増してひきこもりを強め、ついに私のもとから去って行った。彼女が去ったとき、私は、おそらくあの束の間のつながりの体験が彼女を脅かしたのであろう、と感じていた。しかし、彼女から手紙をもらうまでは、私はそのことを詳しく吟味することはなかった。

いったい彼女の治療には意味があったのだろうか。彼女が手紙で言うように、私は彼女をわかろうとしすぎたのだろうか。

手紙のなかで彼女は、私が彼女のプライヴェートな世界を理解したことを彼女が知ることが、彼女にとって耐え難いほど苦痛であったことを明らかにしている。このことを前述のウィニコットのアイデアに照らして考えてみよう。

私があたかも実際にみたかのように彼女の「冷蔵庫とミルク」の情景を体験したことは、私と彼女のこころの境界がはっきりしなくなっていたことのあらわれであろう。私は彼女の場所で自分自身の体験を体験していたのかもしれず、私自身の場所で彼女の体験を体験していたのかもしれない。そしてその状況は、とりあえず私がひかえめに存在している限り、ウィニコットのいう意味での「孤立」／「依存への組織的退行」であった。しかし、そこには私／環境としての母親が実際にいなければならなかった。だが彼女は、自力で「自分が（心理的に）生きる場所」を生成する能力、ひとりでいながら不在の（環境としての）母親とふたりでいる能力（移行現象の能力）を獲得していなかった。私と実際にいっしょにいてものを考え体験する場所を実際に供給されている状況でなら、私の解釈を与えられること、すなわちパーソナルな存在として自分自身の考えをもつ私／対象としての母親と「ふたりでいること」は侵襲にならず、解釈は彼女にとって意味をもち、考えられ、味わわれることができた。だが、環境としての母親／私と離れた場所ではそれは難しかった。治療時間が終わると、彼女は「ひとりでいること」ができず自分自身の連続の感覚の絶滅にさらされたのである。それゆえにこそ、彼女は私と「ふたりでいること」から自分を隔離するために、治療を去らなければならなかった。

この治療の全体を通して私は、この患者とのあいだで、「ひとりでいること」と「ふたりでいること」との力動的な対話を成立させ維持することに失敗し、とりわけその対話の「ひとりでいる」側の極の保存が困難であった。そのためこの患者のひきこもり現象には「孤立」の側面より「ひきこもり」の側面が絶えず優勢であった。このことは、私が絶えず罪悪感や無力感に悩んでおり、それが投影同一化という原始的防衛によって生じていたと考えられることから明らかであった。

このことにはこの治療が週一回の対面設定であったことも関係しているだろう。対面設定はカウチ設定に比べて、はるかに「ふたりであること」を患者に押しつける。そして週一回の治療の環境供給はかなり貧弱なものである。より頻回のカウチ設定の治療であれば、私があのタイミングで彼女から伝わってきたものをひとつの理解にして与えても彼女はもちこたえたのかもしれない、と私は感じる。しかしながら、頻回の治療は「ふたりでいること」への恐怖をかき立てるために、なかなかこのタイプの患者とは設定できないことも事実である。

とはいえ、いま私は彼女にこの治療がある程度役に立ったと考えている。私がそう考えはじめたのは、逆説的ではあるが、彼女から手紙をもらってからである。彼女がわざわざ私に手紙を書いて、きわめて皮肉な形ではあるが「先生とのことで学んだおかげ」と感謝を表明したことは、意味があるように思われる。「冷蔵庫」のセッションで私が伝えた理解をはじめとする私の介入は彼女に受け入れられ、利用された側面があったのではないだろうか。彼女の皮肉に含まれるある種の逆説を生む能力は、彼女が遊びの能力を獲得したことの証左であり、その進展にこの治療は何らかの寄与をしたように考えられる。

彼女は手紙の結びに、自分を忘れてほしいと書いていた。もちろん私は、この手紙が来たことによって彼女を忘れることは完全に不可能になった。当然、ここには「忘れてほしくない」というメッセージが含まれている。この「忘れること」「私の記憶から隔離されること」についての逆説を彼女が遊んでいるように感じられることに、彼女の進展がよくあらわれているように感じるのである。

おわりに

私たちが体験するひきこもり現象に対するアンビバレンスは、患者が「ひとりであること」と「ふたりであること」の共存と交流を発達の基本的条件として必要としている限り、きわめて必然的なものである。もっとも危険なことは、そのアンビバレンスをもちこたえることを回避して、私たち自身の迷いを否認してしまうことのように思われる。そうした迷いのなかで私たちがもちこたえるために、環境供給者としての治療者と対象としての治療者というふたつの側面を自分の機能のなかにみておくことは、役立つように思われる。ともあれ、私たちがいきいきと迷い続けることを維持することが重要である、と私は考える。

第六章　エディプス、プレエディプス、私たちの生きる場所

エディプスとプレエディプスに区別／順序はあるのか

精神分析が生まれてすでに百年がたった。その最初の時点から、エディプス・コンプレックスは、精神分析を精神分析たらしめている中心概念である、と考えられていた。そしていまでも、その重要性は変わらないと私は思う。

フロイトのもっとも重要で根源的な主張は、人間の心的生活が性的な意味によって組織化されており、その組織化がエディプス・コンプレックスという原理に準拠している、という主張である。したがって、精神分析の営みのなかで分析家が最低限やらなければならないことは、治療状況にくりひろげられる素材からエディプス的な意味を的確に発見し、それを言葉によって解釈する力であるとされてきた。したがって、その力を獲得することが訓練の中心とされてきたといえるだろう。

しかし、そのような考えのもとに平均的に治療を営んでも、役に立たないかに見える患者がいることもまた事実である。平均的な分析家がエディプス的な意味を見出せなかったり、見出したと考えて与えた言葉による解釈がまったく役に立たなかったりする患者である。

このような事態にプレエディパルというレッテルを貼るとき、このプレ pre という接頭辞は、エディプス・コンプレックスが直線的に進展する発達的達成（たとえば発達ライン〔Freud, A. 1965〕のような）である、という仮説に基づいている。だが、この考え方には臨床の実感とそぐわないところがある。というのは、そうしたプレエディパルとレッテルが貼られた患者とエディパルな世界を体験する局面もあれば、また逆に、エディパルな情緒を言葉で交流できていた患者との治療で、いわゆるプレエディパルな事態が現れることもあるからである。

暗黙のうちに前提とされたこの考えかた、つまり、エディプス・コンプレックスに前と後ろとがあり、個人がプレエディパル**から**エディパル**へと**進展する、という通時的 diachronic な観点に対して、クライン派が提起した観点が共時的 synchronic な観点である。そこでは、すべての精神的発達段階は最初から共存し、エディパルな体験は、発達のごく早期から口愛的、肛門愛的、尿道愛的、性器愛的な幻想の混合として組織化されている（Klein 1932）。ちなみに、クライン派は彼らの理論体系の中心概念である体験組織化のふたつの様式、すなわち妄想‐分裂ポジションと抑うつポジションの概念化においても、それらが通時的に進展する発達段階でなく、一生を通じてたがいに共存して体験組織化に寄与している、という共時的観点を基礎にしている。

そもそもフロイトの考えには、エディプス・コンプレックスをかたちづくる幻想は、原幻想として系統発生的な遺伝をとおして本能のなかに内在しているというアイデアが含まれている（Freud, S. 1916–1917）。そのとき、原幻想は顕在的な思考としてでなく、やがて外的現実に出会うことによって特定の系列にそって意味を生成するためにあらかじめ準備された文脈として、すなわちビオンのいう前概念 preconception（Bion 1962b）の水準で存在していると考えるべきであろう。とすれば、そうしたエディパルな意味生成システムが、出生後きわめて早期から乳児のこころに作動していると考えてもそれほど不自然ではない。クライン派のアイデアの背後には、このような理解が暗黙のうちに含まれている。この考えかたを推し進めれば、純粋にプレエディパルなこころなどというものはない、ということになり、エディパル、プレエディパルの区別／発展という議論は意味をもたないことになる。

エディプスのとば口とこころの空間

しかし、臨床の実感においては、たしかに患者にエディパルなものが開花し始めた、と感じる瞬間があることも事実である。このようなエディプスのとば口にまさにさしかかったとき、治療状況が特殊な雰囲気を帯びることを、分析的治療者は体験しているのではないだろうか。この意味では、たしかにプレエディパル、エディパルの区別は存在するのである。

私はこの区別を、エディパルな空想、思考、感情を患者と治療者が主体的に体験するかどうかの区別であると考えている。エディパルな意味生成システムが、まだそうした心的内容を主体的に体験できないこころに作動すると、エディパルな幻想はパーソナルな空想、情緒として体験されることができず、(注1) インターパーソナルな事態へと外在化される（藤山　一九九三）ことになる。すなわち、幻想のなかの対象群は分割され、投影同一化を通じて排出され、コミュニケートされる。そこでは投影同一化の投影する側も受け手の側も、エディパルな幻想を主体として体験することはない。こうした状況がクラインのいう早期のエディプス状況である（Klein 1945）と考えられる。

それに対し、エディパルな幻想をひとりの主体として営むとき、自分の体験を自分のものとして営むとき、子どものこころのなかには、自分自身の欲望、情緒をパーソナルに体験できている両親と自分自身とからなる三角形を容れておくことのできる空間が生まれている。そこで子どもは、そうした三角関係を回転させたり、移動させたりしてみることができる（Grotstein 1978）。つまり彼は、第三者として原光景から排除されるが、同時にそれを外から観察する、という体験をもつことができる。治療状況のなかでこの状況が形成されるときは、治療者にもある空間的なゆとりが生じる。それは、治療者が投影同一化のなかの強圧的な交流から自由になって、事態を第三者として眺めるゆとりが生じる、すなわち治療者のこころのなかにも空間が生まれるからである。

このようなこころの空間の生成がもたらされるにあたっては、母親機能が大きな貢献をしている、と私は考える。とくに、ビオンが記述した、投影同一化が包み込まれてよりパーソナルに意味ある体験へと変形されていく、コンテイニングの過程という概念化（Bion 1962a）と、ウィニコットが記述した、母親 - 乳児というユニットから可能性空間 potential space が生まれてくる過程（Winnicott 1971, Ogden 1985b）という概念化とが、この体験のありかたの本質的転換を考えるときに、きわめて示唆的な視点を提供しているように思える。おそらく、このふたつの概念は、本質的にはひとつの過程であるものを、異なった観点から概念化したものにすぎないのではあるまいか。

ここまでの議論をまとめてみよう。**エディパルな体験を個人が主体的にもつことは、たがいに独立なふたつのモメントによって構成されるものである。それらは、エディパルな体験の容れものとなりうるこころの空間が母親機能の関与のなかで生み出されることと、本能に内在するエディパルな原幻想がこころに作動することという、ふたつのモメントである。**

このアイデアは、もちろん臨床素材をとおして、私に実感されてきたものである。このアイデアによって、私たちは、エディプス・コンプレックスの通時的観点と共時的観点の両者を統合的に概念化することができる。

この概念化においては、エディパルな幻想の体験のされかたを決定するのは、こころの空間の存在にかかっている。治療状況のなかでこころの空間がどのように形成され、維持され、崩壊させられるのか、そしてそれにともなってエディパルな体験がどのように推移するのか、臨床素材を呈示することにしよう。

こころの空間の生成と崩壊

移行的な三角形——不在に意味を生成すること

症例《セルフカウンセラー》

この青年は、自分のペニスが曲がっている気がする、自分は同性愛者ではないか、という不安に思春期からおののいていた。彼は外傷体験をきっかけに抑うつを呈して精神科医を受診し、私に紹介された。週一回の面接を開始して一、二カ月で彼は落ち着き、その理由を「先生が黙って見てくれているから」と話した。しかし、やがて彼は私の前で強く緊張し、しばしばさまざまに合理化して偽造しつつ、治療から去ろうとしはじめた。それは去勢不安によるものと考えられたが、彼はそれを主観的に体験することができず、面接室内外での行動の形で排出しているように思えた。私がそのような動きを去勢不安のあらわれとして解釈することはさらに緊張を強め、私は治療状況のなかで身動きが取れない感覚を体験するようになった。

しかし、そのような状況が三カ月ほど続いた頃、私は不思議なことに気がついた。緊張の強い面接があっても、彼が立ち直った印象で次回の面接に現れるようになったのである。このことを取り上げると、彼が面接と面接とのあいだにむさぼるようにして読書していることが明らかになった。彼はそれを「セルフカウンセラー」（著者）との「セルフカウンセリング」と表現した。半年にも及ぶあいだ、「セルフカウンセラー」として彼は私と類似点のある対象を次々と選んだ。最後にそれはユング派の精神療法家になって、私と最も近似した対象となった。その頃、彼は私のパーソナルな男性的側面や個人史についての空想について、おずおずと話すことができはじめた。同時に、彼ははじめて自分のペニスをまじまじと眺め、「自分のは曲がっていない」とはっきり自分の男根的な欲望を肯定した。私とのあいだの緊張感はようやく彼と私で語り合えるものになりはじめた。原光景に第三者としてかかわることにまつわる体験である去勢不安を彼はようやく主体的に体験し始めたのである。エディパルな情緒は彼にとってすでにパーソナルなものになっていたのである。

患者は「セルフカウンセラー」という三角形の第三点を治療状況に導入した。私と彼のあいだの身動きの取れない関係に、この第三点を導入することをとおして、彼はある種の空間を治療状況に生成した。その過程を通して彼のこころのなかにも空間が生まれてきた。この第三点としての「セルフカウンセラー」は移行的である、と表現できる(藤山　一九九三)。それには二重の意味がある。

この第三点は、治療面接に一週間の間隙がなければ必要なかった。「カウンセラー」という言葉遣いで彼が表現しているように、この第三点は治療者の不在という状況に関連して生まれたものである。それは治療者に一週間放り出された彼を抱えておくために彼が万能的に創造した、環境としての母親である。しかし、それは患者が発見した外的対象(本の著者)でもある。つまり、それは内側でもあり、同時に外側でもある。空想と現実とはここで逆説的に共存している。それは弁証法的な対話を営んでいる。このことは、これがウィニコットのいう意味での移行現象であることを物語っており、治療のなかに姿を現した空間は可能性空間(Ogden 1985a, Winnicott 1971d)なのである。また、ビオンの表現を借りれば、それは文字通りの不在 no thing からひとつの意味としての不在 nothing が生成されると言ってもいい（Bion 1962ab）。

さて、そのように生成された第三点は次第にエディパルな空想を負荷され、私もこの三角形の空間のなかで「セルフカウンセラー」に対して嫉妬、競争心といったエディパルな情緒を体験するようになった。母親の不在を埋めるために創造／発見された第三点は、エディプス的な父親でもあったのである。つまり、この第三点は母親であると同時に父親でもある、という意味でも移行的である。このありかたはオグデンのいう移行的エディプス的対象関係（Ogden 1987）という概念と一致する。父親としての母親でもあり、母親としての父親でもあるという、この移行的な対象との関係こそ、エディプスのとば口でエディパルな原幻想が、いままさに空間を生成して主体性を獲得しはじめたこころに作動したことのしるしである。ここを通過してはじめて、彼は私という外的対象、性別と歴史性を帯びた全体的な対象にエディパルな転移を向けることができる。それまでのあいだは私という外的対象はまだ彼にとってほんとうの意味では存在しえず（むりにそれに遭遇させたときの事態については後で触れる）、エディパルな空想は、移行的な、リアルであってリアルでない対象に結ぶしかないのである。

このあとの局面では、転移空想の言語的解釈が治療の焦点になるのは言うまでもない。しかし、ここまでのところでは言葉による解釈は慎重であるべきだと私は考える。たとえば、面接外での「セルフカウンセリング」を転移性行動化として解釈することは、おそらく患者の進展を妨害するだろう。ウィニコットの言う「ひとりでいる能力」（Winnicott 1958）の達成には、「不在の母親の存在のもとで遊ぶ」という逆説を乳児が持ちこたえていることを必要とする。つらい面接のあとで「セルフカウンセリング」を通じて「ひとりでいる」ことに努めている患者に対して、私たちには、その「不在の母親」として存在し機能する、という、やはり逆説的な営みが要求されるのである。

治療者による空間生成の営み

第三章に登場した症例《舟》をこの観点からまた取り上げてみよう。

症例《舟》

ある自己愛的な青年は、誇大的自己像にもとづいて就職し、上司といさかいをおこし、他責的、被害的になって自分から退職し、非生産的にひきこもる、というパタンを繰り返していた。このような彼のありかたとその自己破壊性を直面化したり、威圧的人物として彼が語っていた父親との関係の文脈で解釈したりすることは、無意味であった。彼は平板に「そうですかね」と言うだけで、私の介入は彼のこころにしみとおることがなく、また同じことが繰り返された。治療を開始してからおよそ一年半のあいだ、そのような膠着した事態の周辺で治療は停滞していた。

彼がまた職場をやめてひきこもり始めた頃のあるセッションで、私には強烈な無力感が高まっていた。私は彼のまえにすわってはいたが、内的にはほとんどひきこもっていた。私はつくづくうんざりし、何も言う気も起きないのだった。ほとんどうわのそらで、いつのまにか私は面接のメモに落書きを始めていた。私はひとつの単純な図形を無心に何度もなぞっていた。ふと、私はそれが舟の形に似ていることに気づいた。やがて、私自身の思春期の記憶が浮かんできた。私が海辺の中学校の生徒だった頃、毎年「カッター訓練」という名の四人乗りのボートの訓練があった。私はそれがとても苦痛だった。不器用でどうしても他の三人とペースを合わせることができなかったからである。私は、そのときの喉がからからになるような焦りをまざまざと思い出していた。その瞬間、私は、彼の傲慢さの背後にある焦り、無力感、絶望感を実感できた気がした。彼もまわりにどうしようもなくペースを合わせることができなかったのである。彼の傲慢さに覆い隠されていた無念さに私は想いをめぐらせていた。

このあとから，治療状況はより生産的なものになっていった。すなわち，彼の連想に父親がより現実味を帯びて登場するようになった。同時に，彼はしだいに面接場面での緊張を自覚するようになり，上司や私との関係を父親転移の文脈で取り扱うことも可能になった。彼が職場をやめるまえに，そのことについての空想や感情を私と話し合うことも，わずかとはいえ可能になりはじめた。このことを彼は「僕も考えるようになった」と表現した。

この臨床素材の初めの部分では，私は無力感と絶望感に圧倒される患者の自己を投げ入れられ，その自己と同一化してしまっている。そこにはまったく自由がなく，切迫した身動きの取れない感覚があった。私は（もちろん彼も）彼と私との関係を第三者的な距離をもって，三次元的な展望点から眺めることができない。反復的で不毛な状況そのものに，私も彼ものっぺりとからめとられている。

私の面接内の行動化（＝落書き）は，この奥行きのない平板な治療状況のなかに，展望をもつ第三点を構築しようとする無意識の努力であったといえるだろう。私と彼とのあいだに落書きという特異点が生まれ，それをとっかかりにして，私は展望を手にいれた。舟の形の落書きは私のボート訓練の記憶の想起の端緒となった。それは，私が彼の無力感を私のボート訓練体験でのそれと無意識のうちにすでに重ね合わせていたことを示している。同時にこの舟のような形，すなわちふたつの弧に囲まれた隙間という形には，窮屈な状況をこじあけて何とか隙間，空間を生成しようとする私の努力が表現されているとも見られよう。すなわち，この落書きという第三点は，私を抱える環境として私が創造したものであり、同時に彼の心的内容（他者としての彼）が兆す場所でもある。ここにも空想と現実、内側と外側の対話が営まれている。私の対象世界はこの移行的な第三点を創りだし、この対話を維持することによって、彼の苦しみを安全に容れておくことがようやく可能になったのである。

もちろん、この過程はビオンのいうコンテイニングの過程である。私は彼から投げ入れられたものを代謝したといえるだろう。しかし、重要なことはそのような容れもの／なかみのやりとりの過程が、同時に新しい何かを生む過程であるということである。すなわち、新しい体験生成のありかたが生まれる、ということである。彼が投影同一化によって外在化していた心的内容（たとえば愛情のあるつながりからの被排除にまつわる体験）を、彼はより主体的に（たとえば去勢不安や嫉妬や孤独感として）体験しはじめる。そのとき、そうした体験をしている自分自身、という感覚が生まれ、自分自身について思いをめぐらせる（「考える」）ことが可能になるのである。

ところで、《セルフカウンセラー》の臨床素材にもこの臨床素材にも、治療状況のなかに特異的な第三点（「セルフカウンセラー」、舟の落書き）が具体的に出現している。言うまでもないが、このような第三点が目に見える形でいつも出現するとは限らない。患者をとりまくさまざまな外的な対象がこのような形で利用されていることを、つねに私たちは前提としているべきなのである。

また、治療者の側においては、そのこころのなかにある分析的概念や理論は、治療者を抱える環境としての母親であるとともに、他者としての患者の心的世界の兆す場所としても機能している移行的な第三点なのである。ブリットンは、分析家が自分の分析的自己（理論、自己の分析体験など）と対話して解釈を得ようとする営み自体が、内的な性交、ある種の原光景として患者に受け取られ、患者に耐えがたい被排除の感覚を生む局面を描写している（Britton 1989）。私の考えの文脈では、この事態は、「分析的な自己」が、自己であるとともに患者という他者を兆す場所でもある移行的なものとして機能していない場合、すなわち徹底的に自己でありすぎる場合に生じる事態なのである。

こころの空間の崩壊

いったん成立したかにみえる、エディパルな幻想を容れておく空間が崩壊する局面をみせてくれる素材を呈示しよう。

症例《セロリとモルモット》

四年間勤めていた会社に行けなくなった、という主訴で治療を開始することになった若い独身女性は、一見人当たりのよい女の子であった。しかし、数カ月もすると彼女には深い水準の病理があることが浮かび上がってきた。

彼女はこの時期、ささいな報告書、たとえば毎週提出する週間報告もまったく書けず、白紙で提出するのであった。中学生の頃、童話ならいくらでも書けるのに、日記を書こうとしたとたん頭が真っ白くなった、とも彼女は回想した。また、彼女は十二歳以前の想起がほとんどできなかった。自分自身の体験を内省する機能に重大な困難が生じているようであった。

会社を休みがちである一方、彼女は喜々として友人たちと某サッカーチームの「追っかけ」に精を出し、バンドに誘われて活動していた。彼女は職場でも友人関係でも誰かに腹を立てることはできず、職場や家庭で葛藤状況に陥ると、当惑し、混乱し、垂れ流しのように泣くばかりになるようであった。治療を始める前、そういった局面で、お手上げになった母親が、精神科救急に連れて行ったこともある。男性との関係でも、「好きという気持ちはわからないが、別れると相手にわるい」と、まるで自動的にさえ感じられる淡々とした様子で、妻子ある男性とばかり関係を続けていた。

面接では「追っかけ」、バンド、女友達以外の話は困難であった。それ以外の話が自発的に出てもすぐに沈黙となり、そこには言葉にするのが難しい独特の緊張感が兆した。つまり、彼女は「頭が真っ白」になるのであった。それは外側から見ると、手をそわそわと動かし、きょろきょろし、ため息をつくといった、落ち着かないとおびただしい状態となって現れた。私は面接内ではそうした緊張が不用意に高まらないことを心がけようとし、一方、面接の外側では、治療を維持するためのマネージメントに徹しようとした。それは、たとえば診断書を書いたり、両親に会ったりといったことであった。彼女は、治療の時間をもてることをたしかによいことのように感じているようであった。しかし、面接のなかで私は、どうしても彼女といきいきと触れ合っているという感じを体験することは難しかった。

治療をはじめて半年の頃、会社の状況に関連して彼女が私のマネージメントについて面接で話題にする必要が生じた。この面接のあと、彼女はマネージメントをしている私を面接室内で実感できるようになったようであった。その頃から徐々に私は彼女といて、実際に生きている人間と会って話しているという感じがしてきた。沈黙は減り、ただ自動的にやっているかのようであった「追っかけ」も特定の選手との空想を帯びてきた。彼女、私、その選手のあいだに、セルフカウンセラーを生み出した患者のものと類似の移行的な三角形が生まれ、ある空間が兆していた。男性関係についても、もっと誠実に女性として愛されたい、とめずらしくはっきりと語り、それとともに、いままで思い出せなかった小学校時代の想起や治療者の登場する夢も報告されはじめた。

私は、治療のなかにエディパルな転移空想らしきものが兆してきたことに喜んでいた。しかし、治療をはじめて九カ月の頃突然に、テレビの画面がいきなり真っ白になったような、例の混乱した沈黙を面接が満たした。ほとんど完全な沈黙が二セッション続いた。それは、治療者の怒りをすぐにかき立てるような、ある種のコミュニケーションとしての沈黙ではなく、ただそわそわと苦しげな沈黙であった。私にも彼女にも状況を第三者としてみるゆとりはなかった。

私にはふと、無目的にセロリをかじりつづけているモルモットというイメージが脈絡もなく浮かんだ。私はそれを手がかりに、痛ましい困惑のなかでも彼女は何か必死に仕事をしている、おそらく私に何か伝えようとしている、と理解した。その理解を私は彼女に伝えているうち、その沈黙がはじまって二セッションめの終わりにようやく、この突然の変化の理由を彼女は話した。彼女はある雑誌で私のごく小さな写真を見たのであった。「先生がシステムの一部、キャッシュディスペンサーみたいな、になったというか、先生がカタログになったというか、つぶされる感じがして、話せなかった」と、彼女はとぎれとぎれに話した。ここでの私と違う、なまの私に彼女が遭遇したことは、彼女に耐えられないほど怖いことだった、と私は解釈し、やがて彼女は立ち直った。

彼女は英国学派でいうスキゾイドの患者であろう。彼女はこころの空間のなかでパーソナルな空想を営みはじめていた。その空間を崩壊させ、空想の場所を奪ったのは、外的対象としての私（雑誌にのった私の写真）との突然の遭遇であった。彼女は、その写真をほんの一秒も見ていることに耐えられなかった、と報告した。治療のマネージメントをしている、環境としての治療者ではなく、社会のなかで活動している、外的対象としての治療者にさらされることは、ウィニコットのいう侵襲 impingement（Winnicott 1953）であった。最早期の乳児にとって、対象は「主観的対象 subjective object」（Winnicott 1962）としてのみ体験されるべきであり、外的対象としての母親に遭遇することは、強烈な分離体験をもたらし，乳児の存在の連続性を脅かすのである。

言い換えれば，移行的な，内と外，空想と現実との弁証法的な対話が可能な空間，つまり子どもが外界を発見すると同時に創造するという逆説をそのまま抱えるような空間，すなわち可能性空間はこの時点では彼女に内在化されておらず，抱える環境の私との一体性の錯覚に支えられている。そのとき，私という対象の外在性をつきつけることは，前述の「ひとりでいる能力」についての逆説的表現のもうひとつの極である，「存在する母親の不在のもとで遊ぶこと」を不可能にする。ここにはこの侵襲によって，彼女のこころの空間が外傷的に崩壊するさまが現れている。その空間の崩壊にともなって，患者はもはやエディパルな体験を主体的に体験する場所を失い，いわゆるプレエディパルな事態が出現する。

こうしてエディパルな幻想が主体的に体験できなくなったとき，治療状況でそれは妄想-分裂的に組織化される。私の写真という外的対象との遭遇は，いうまでもなく，男根的な欲望をもち，男性として機能している私との遭遇でもある。彼女にとってファルス（不倫相手のもののように無意味であるとしておけないファルス）はあまりに圧倒的なものであり，性的な意味が残り得ないほどにばらばらに崩壊させて，非生物的な対象（キャッシュディスペンサー）に押し込むしかなかった。このように生成された奇怪な対象（Bion 1956）は，彼女を具体的な力で圧倒する存在となった。

しかし，この一過性の精神病性転移には，建設的な側面を見て取ることもできる。これまで自己破壊的な形でしか現れなかった潜在的にはエディパルな破壊性，攻撃性を，きわめて原始的な形であっても治療に持ち込めたことを意味するからである。実際この立ち直りの後の局面では，彼女は父母の関係に言及しはじめたが，そこに登場したのは，無力であるくせに理不尽な怒りをばらまく父親であった。彼女は彼に対する怒りを言葉にし，過去の想起も進むようになった。おそらく、こころの空間の崩壊のさなかに私に唐突に訪れた、セロリとモルモットのイメージは、彼女の原光景幻想の派生物が「ものそれ自体」として私に投げ込まれたものであった。それは、セロリ＝無力なファルスをもつ内的父親にまつわるものであったのではないだろうか。

主体性、第三者、私たちの生きる場所

ここまでのところで私は、ウィニコットの可能性空間の生成論とビオンのコンテイニング論という母親機能についての理論を背景にして、エディパルな幻想を容れておく場所の生成／崩壊の過程を見てきた。その場所は私たちが真に主体的な性的欲望を営み、この世の生産性と破壊性とを身をもって引き受ける場所、すなわち「私たちが生きる場所」（Winnicott 1971b）なのである。

こころに空間ができることによって、こころのなかにある展望点ができる可能性が生まれる。（古典的な理論で「観察自我」と呼ばれた自我部分のはたらきは、この展望点を獲得した心的なありかたと対応している。）そして、このときに感じられるある種の自由の感覚（身動きのとれない、強圧的な圧倒の感覚と対照的な）は、この展望点の獲得を背景としておきる象徴機能の成熟と関係している。すなわち、そこでは、事物は私（という展望点）からみて何かをあらわしたものであって、そのもの自体ではない。そして、私の解釈のはたらきしだいによっては、その何かは別の何かをあらわしうる。つまり、私はある程度自由に意味を生成する可能性をもっているのである。このような、意味の生成者としての自分自身、という感覚が、体験に主体性を付与する。この自由さの感覚、空間性の感覚の由来

について、オグデンは象徴と象徴されるものとのあいだに隙間ができ、その空間をものごと解釈する「私」が満たす、と表現した（Ogden 1985a）。

そして、ここで重要なことは、逆説的ではあるが、獲得された主体性が基礎になって、第三者性という体験を十分味わえるようになる、ということである。自分自身の欲望、感情、思考を生みだしているという感覚のないとき、他者も主体的な欲望、感情、思考をもつものとは体験されない。原光景幻想のなかでの結合する母親、父親の主体的な欲望を認め、その欲望の営みから自分が締め出されていることを認めてはじめて、すなわち、両親どうしの関係と自分と両親のあいだの関係とが異質であることを認めてはじめて、子どもは被排除の事実を否認して原光景の一部になることなく、嫉妬や親殺しの願望などの主体的な体験をもつことができる。おそらくこの第三者性という体験をパーソナルに安全に営めることが、私たちがあるものごとに**ついて**、そして自分自身に**ついて**考えることが可能になる、という発達的進展と関係しているであろう。

母親機能によってできた、空想や情緒を容れる、ある種のこころのひろがりに原光景幻想が導入される第三者性という秩序こそ、私たちが何かに想いをめぐらせ、内省する機能をもつ、という、ひとがひとであることの本質の一端をかたちづくっているのではないだろうか。

（注1）　私は幻想と空想という用語を、日本語本来のニュアンスで使い分けるのではなく、“phantasy” と “fantasy” の訳語として使い分けている。前者は、より生得的な本能に内在する意味生成のポテンシャルにおける文脈の総体、といったものを指し、後者は、より体験の表層に近いものを指している。

第七章　中立性という謎

一

私は、精神分析を分析家と患者の特殊な交流、きわめて特異的な営みであると考えている。その交流の性質をかつて私は、媒介的、間接的、象徴的、移行的、自発的と表現したことがある（藤山　一九九九）。その物言いが分析的交流の本質をどの程度すくい取っているのか、たしかな自信があるわけではない。しかしともあれ、この独特な分析的交流をそれとして成立させるものが精神分析の設定と分析家の機能であることはまちがいない。中立性、さらには受身性という言葉は、そうした精神分析の営みを成立させる分析家の機能もしくは態度の中核として尊重されてきた。

しかし、よく知られているようにフロイト自身がこの言葉を提起したわけではない。彼が提出した精神分析家の保持するべき基本的態度を描写するために、後年になって選び取られた言葉である。私からみると、中立性や受身性として知られている精神分析家の基本的態度は、一九一〇年代前半のいわゆる技法論文（Papers on Technique）（Freud 1911–1915）のなかでほとんど形ができあがっている。これらの論文を読んで私が感じるのは、フロイトの提起した分析の設定や分析家の基本的機能にほとんど異論がない、という感覚である。そして同時に感じることは、その感覚を前提としたとき、フロイトが描き出したものをすくいとる言葉として、中立性という言葉は言葉足らずで誤解を生みかねない、という感覚である。ここではそうした感覚を、もうすこし明確に書き表すことを試みたい。

これら一連の論文、すなわち「精神分析における夢解釈の取り扱い」(1911)、「転移の力動」(1912)、「分析治療をおこなう医師への勧め」(1912)、「治療の開始について」(1913)、「思い出すこと、繰り返すこと、やりとおすこと(想起、反復、徹底操作)」(注1)(1914)、「転移性恋愛についての観察」(1915)は、彼が精神分析の技法の基礎的なアイデアを自分のものにしたと感じたところで、自分が何をやっているのかを振り返り、同僚や後進にその技法のエッセンスを伝えようとする試みであった。

「夢解釈」論文では、以前のフロイトの技法の中心をなしてきた夢内容の解釈を転移の文脈のなかに置き直そうとする主張が語られている。「転移」論文は、こうしてようやく治療の中心的課題としての地位を与えられた転移がどこからくるのかを考察している。そしてその転移が治療のなかで果たす本質的役割をどう扱うのかについて、原理的なアイデアを呈示したのが「思い出すこと」論文である。「転移」と「思い出すこと」のふたつの論文が迫ろうとしているのは、精神分析的交流の過程の中身である。それに対し、ここで私が検討の主な素材として取り上げようとしている「開始」と「勧め」のふたつの論文は、分析的な営みの前提となる分析設定と分析家の機能について触れている。これらの論文は当時明確にかたちづくられつつあった精神分析サークルの内部に向けて、革新された技法を明確にアナウンスするものであった。

「開始」論文は徹頭徹尾具体的な「勧め」に満ちている。この論文が話題にしていることは分析のセッティングを

二

つくりだすに当たってのさまざまな事柄である。審査分析、予備面接、分析開始への抵抗への対処、分析家へのいわゆる「信頼」の不確実、予後予測のアナウンスについての問題、支払いについての注意事項、寝椅子を使った設定、自由連想規則の与えかた、分析と実生活の境界についてのマネジメント、転移を取り扱い始めるタイミングなど、分析治療の設定の段階で起きうることをかなり網羅的に描き出している。

この論文を読んで印象的なことは、明確で実体的な主張、理詰めの説得のトーンである。たとえば彼は、「分析家への信頼」をあてにする分析家の態度や料金を安くすることが親切だという考えなどに対し、いちいち理由を明確に上げて批判し、どうすべきかをはっきりと提示する。それはある種の即物的な態度、現実主義者の態度に貫かれている。たとえば、無料治療に関する議論でフロイトは、きわめて現実的にまずこう書いている。

> それ（無料治療）が意味するものは、分析家が生活費を稼ぎ出すために利用できる労働時間のかなりの部分、八分の一、ひょっとすると七分の一を、何カ月にもわたって犠牲にするということである。もし同時にもうひとつ無料治療を始めると、彼はすでに稼働能力の四分の一か三分の一を奪われたことになり、重大事故でこうむる損害に匹敵する損害をこうむるであろう。（p.132　筆者訳）

もちろんフロイトはすぐに、無料治療が「医者の犠牲を帳消しにするだけの利益を患者にもたらす」（p.132）かどうかに、つまり患者の利益の方に焦点を移してゆく。しかし私が注目したいのは、それでもなお彼が分析家の利益の方を先に書いたという事実である。

彼は、彼にとって患者というものが他ならぬ生活の糧であるという点から料金問題を語り始めている。それは、たった七人か八人の患者から得られる収入の上に妻と六人の子どもと義妹と自分自身の生活が成り立っている、という事実から説き起こしているともいえる。ひとりの患者がひとり強の家族を養う勘定になるこの状況は、彼にとってきわめて具体的に心細い状況だったはずである。これより数年前、実現したときには有頂天になった（帰ってから不機嫌になるのだが）アメリカでの招待講演旅行を、依頼が来た当初はその期間の収入が減ることを理由に彼が断ろうとした、という事実はよく知られている。中立性と呼ばれる、分析家と患者の距離の維持や分析家のパーソナルな側面の表出の抑制といった戒律の背後に、人間と人間との物質的生活の基盤がかかった利害関係が生々しく存在していることを、フロイトがはっきりと見据えていたことを私たちは忘れてはならないだろう。個人開業で生活を支えるのでなく、保険や病院や大学というパトロンを頼りに生活している、私たちの大部分の体験を越えた状況をフロイトは生きていた。その生々しさは分析的交流の基礎となる中立性、間接性、媒介性を揺るがしかねない。私はこの部分に、フロイトが「中立性」を強調する構えをとることの根拠をみるし、逆に具体的で生々しい現実的関係を基盤にしてこそ中立性が意味をもつのではないかという、逆説的な理解の可能性をみるのである。

ところが、「開始」論文のこの具体的で説得的なトーンは、精神分析のもっとも基本的設定であるカウチとその背後の分析家という配置についての記述になると影をひそめる。

患者をソファに横たわらせ自分がその背後の彼から見えないところにすわるという企てに、私は忠実である。この配置には歴史的根拠があり、精神分析がそのなかから進展した催眠法のなごりである。しかし、それは多くの理由で維持される価値がある。最初の理由はパーソナルな動機だが、私以外の人々も共有してくれるかもしれない。私は一日に八時間（かそれ以上）ものあいだ他人に見つめられるのに我慢できない。患者に耳を傾けているあいだ、私自身も無意識的思考の流れに身をゆだねているので、自分の顔の表情が患者に解釈の素材を与えたり、患者の話す内容に影響を与えたりすることを私は望まない。（pp.133–134　筆者訳）

ここでのフロイトはわざわざ「パーソナルな動機」を、その配置を選択する第一の理由としてあげる。ここは全体のトーンにくらべてかなりひかえめであり、ある種の口ごもりが感じられる。この「我慢のできない」ことがしばしば彼の個人的傾向や病理のあらわれであるとさえ解釈されてきたのはそのせいであろう。しかし、私はフロイトが「パーソナルな動機」を第一の理由に挙げている、というところに重要な意味があると考える。この日常生活の会話状況としては極端に不自然な配置に対し、彼はこの後のところで「固執する insist on」とさえ述べている。これはただごとではない。

こう解釈することもできる。フロイトは精神分析の場が帯びているパーソナルな性質について言及しようとしたが、それは彼にとってパーソナルなものとして表現するしかないような生々しさを帯びていた、と。この配置の必然性を「パーソナルな」ものに根拠付けていることにこそ、意味があるのである。そして、分析家が患者から見えない場所ではじめて「パーソナル」になれるということに、フロイトは暗黙に気づいていたのではないだろうか。そうしたパーソナルな空間にくつろぐことによってこそ、分析家はここで語られる「無意識的思考の流れに自分をゆだねる」という状態に到達しうる。それは分析家の受容性の表現であり、「勧め」論文の「無意識の受容器官としての分析家の無意識」という発想につながっている。

一方、一九一二年の「勧め」論文を読むとき、私はそこに「開始」論文とはまったく異なった書き方を見出す。「開始」論文の記述はほとんどすべて具体的な「勧め」であり、文字通りに従うことが可能であった。しかし「勧め」論文は実は具体的「勧め」ではなく、私たちは原理的に考えて、その「勧め」に文字通りに従うことはできないことが少なくない。

その技法はしかしながらとても単純なものである。やがてわかるように、それは特別な手段（ノートを取ることさえ）を用いることを拒んでいる。それは、特定なことには何も自分の注意を向けないで、自分が聞いたことすべてに対して私が以前述べたような「平等に漂う注意」を維持することから成っている。(pp.111–112　筆者訳)

ひとつの公式にするとこうである。分析家は自分自身の無意識を受容器官のように患者の伝達している無意識に対して向けねばならない。彼は、電話の受話器が声を送ってくるマイクロフォンに合わせて調整されているように、彼自身を患者に合わせて調整しなければならない。(pp.115–116　筆者訳)

医師は患者に対して不透明であるべきであり、鏡のように、自分に見せられたもの以外何も患者に見せるべきでない。(p.118　筆者訳)

私にはこうした表現が「文字通り」には不可能であると感じられる。私たちは能動的に注意をどこかに向けることはできる。しかし能動的にどこかに向けないことはできない。なぜなら何かに注意を向けないようにした途端に私たちはそれを意識し、それに注意を向けてしまっているからである。また、私たちにとって無意識は定義上意識できない。無意識というシステムはしたがって分析家にとって意図的にどこかに差し向けることができないし、調整することもできないものなのである。そして、私たちが患者といっしょに時を過ごせば、私たちの声、私たちの抑揚、私たちの息遣いは彼らに伝わるし、そうしたものこそ私たちのパーソナルなありかたの基底部である可能性すらある。私たちは実際には不透明でありえない。

これらのあまりにも理不尽とも言えそうな、いくつかの「勧め」を前に、私たちはたじろぐことを余儀なくされる。しかし逆説的ではあるが、この不可能性こそがフロイトが暗黙にはもっとも伝えたかったものかもしれないと私は思う。精神分析家の機能の本質には原理的には書き表すことの不可能な領域が横たわっている。このことについての意識されない気づきを、「不可能なものを語る」という形で彼は暗黙に語ったのではないだろうか。

彼は分析家に求められる「平等に漂う注意」が、患者に「自由連想」が求められることに対応している、とこの論文で書いている。しかし、すでに彼は「転移」論文において、自由連想が必ず抵抗に突き当たること、その抵抗に転移が関与していることを見出していたし、やがて「思い出すこと」論文で転移こそが治療の中心的課題であるという命題に到達する。つまり精神分析の営みが営まれる中心領域（"playground"）としての転移が、自由連想の不可能性から生じることにフロイトは気づこうとしていた。自由連想の不可能性こそ、そして自由連想の途切れ、頓挫、亀裂こそ、何か患者の本質的なものが顔を覗かせる場所であり、そこにこそ転移は「現実的で現在である何か something real and contemporary」として治療状況に現れ、治療の中心課題になる。彼が「開始」論文であれほど患者に精力的に自由連想についての教示を授けるのも、自由連想の不可能性についての暗黙の気づきに促された逆説的な熱中によるものであったのでないかとさえ思えるのである。

自由連想の不可能性はそれに対応した相補物としての「平等に漂う注意」の不可能性に対応している。自由連想の不可能性は、上述のように分析の営みに対して本質的な生産性を帯びていた。それと同様に「平等に漂う注意」を中心概念として構築された、「勧め」論文で表明された分析家の態度にも不可能性がつきまとい、その不可能性にこそ、精神分析の営みの本質が姿を覗かせているように私には思える。そこには、論文を読んだものが意図的に努力すれば達成されるということがない、読むことで学ぶということを峻拒しているひとつのありかたが、分析家の機能の本質として呈示されている。それはけっして言葉で触れえることのないもの、言葉で語り尽くすことのできないもの、言葉を越えたものである。それを概念的に把握しようとしても、そこにもたらされるのは一種の欠落であり、空虚である。

私は、彼がその主題について言葉で書いた内容よりもこのような書き方でそれを書いたことにこそ、分析家の機能の本質があらわれているように感じるのである。分析家は、形のない体験を漂い、それにもかかわらず（あるいはそれゆえにこそ）くつろぎ、ものを思い、その自発的に体験される心的体験に自分を開く。その心的体験が誰のものであるか、どこからきたものかは、当面わからない。そして彼は自分のもつその体験が、「形をもたない」がゆえに言葉で表現できない、ということを受け入れねばならないのである。

私が中立性という、フロイトによっては語られなかった言葉に不満を覚えるのは、彼が「書き表せないもの」として呈示したものに、ある種の形を与えるかのような印象をこの言葉が帯びているからである。「中立」という日本語は、ふたつの極のまんなかに静止して立っている、という静的なニュアンスを帯びている。その言葉からは、「無意識の漂い drift を捕まえる」ための浮動性に触れている、「平等に漂う注意」というフレーズのもつ動的なニュアンスが剥ぎ取られているように感じもする。そしておそらく私の考えでは、フロイトはその「平等に漂う注意」という言葉でさえ、分析家の機能の全体に触れていないことを暗黙に知り、それゆえに不可能な「勧め」を書き残したのである。

三

このように形のないものを、フロイトがパイオニアとして必死に書き表そうとした孤独な作業に、私はある種の感動すら覚える。しかし、彼は形を残さなかったわけではない。そうした形のないものをある形として具現するものとして、精神分析の空間的設定（カウチに仰臥する患者と見えないところにいる分析家）を彼は生み出した、という理解が可能なのではないか。つまり、フロイトの考えた精神分析的交流の条件は彼の生み出した設定のなかに具現していると考えられるのではないだろうか。しかしおそらく、彼はその価値の本質を言葉にできるところまで達していなかった。そのことが、彼が「パーソナル」な理由を口ごもりながら持ち出さなくてはならなかった理由であったのであろう。現在の私たちはたとえばこのカウチの設定にふくまれるものを、ウィニコットの助けを借りて「ひとりでいてふたりでいる（ひとりでもふたりでもない）」という移行的、逆説保存的な関係性という概念と照らし合わせることができる。そして私自身はいまのところ、カウチの設定がもつ意味についてそのように理解するときに一番仕事がしやすい。この点については次の第八章でさらに論じよう。

そして設定にとどまらず、分析家の機能についても、「ひとりであり、ふたりである」「空想であり、現実である」「内部であり、外部である」というありさまをすくいとる、移行的、逆説保存的という言葉は意味を持ちうると思う。私にとってはそうしたアイデアを参照することが、いわゆる中立性という言葉に相当する考えを理解する上でもっともぴんとくる。

私から見ると「転移性恋愛」論文は直接そうした主題を扱っているように思える。ここでフロイトは転移性恋愛は転移によって生じるものである、という前提に立っている。しかし、彼はこう述べる。

要約してみよう。私たちは、分析治療のなかで姿を現す恋愛の状態が「真実の」性格をもっていることに、疑いをさしはさむ権利はない。(p.168　筆者訳)

そして同時に彼は、

彼（分析家）は転移性恋愛をしっかりと捕まえておかねばならない。しかし彼はそれを何か非現実のものとして扱わねばならない。つまり、治療のなかで通過され無意識的起源へと遡られるべき状況として、そして患者の性愛的な人生のなかに隠されていたすべてのものを彼女の意識に持ちこんで彼女がコントロール下に置くことに役立つに違いない状況として、扱わねばならない。(同上)

とも語っている。ここで転移性恋愛をほんものでもあり、ほんものでもないものとして扱う、という移行的、逆説的保存的な構えをフロイトが私たちに要求していることはきわめて本質的である。

この論文で転移性恋愛のもつ危険性をフロイトは強調する。それは具体的危険として化学薬品の爆発に喩えられている。ここには「平等に漂う注意」を維持していた分析家が、具体的危険（象徴的でない具象的な危険）に遭遇したとき、それを「何か非現実」とみることによって、考えることの不可能な具体的な危険、私の言葉で言えば「恐ろしい『それ』をより考えられる形のものにしていくというアイデアが語られている。

しかし、私たちはおそらくそれだけではすまないこと、つまり意識的に視点を変化させるという努力だけではすまないことを知っている。それは結果論であり、実際には別の視点を分析家が持てたそのときには、危険の具体性がすでに静まっていることが多いことを知っている。フロイトは目指すべき地点は示しているが、そこにたどり着く道のりは語っていない。おそらく、彼にはまだそれを語りうる言葉と経験が不足していた。彼が平等に注意を漂わせるというやりかたで分析を営んでから、この時点でまだ十年もたっていないのである。彼をはじめ多くの先人の肩に乗る私たちは彼よりもいくらかは知っている。私たちがそのようにできるのは、そのように努力したからできたというわけではない。ある必然的な過程を踏むなかでそれが可能になるのである。ビオンが明らかにしたコンテイニングの過程はそこに触れている。

私たちがそうした生産的過程に参加できるのは、きわめて複雑だが、ひとまとまりをなしているひとつの構えを基礎として、精神分析の間接的な交流を可能にする設定によってもたらされたプライヴァシーの感覚と、逆説保存的な、形のないものにオープンな、自発性を許した分析家のこころのありかたに支えられていることによっている。つまり分析家の機能は設定やもともとの彼の構えと不可分であり、精神分析の背景となっているのである。

私の考えでは、上述の背景の全体を覆うには、中立性という言葉はいくぶん貧弱で痩せすぎた言葉である。私たちはフロイトが意図したものが何であったのかを、けっして彼の書いた言葉からだけでなく、彼の語りかた、そして彼の営みの全体から、自分自身で発見し続けることを要請されている、と私は思う。それが私たち臨床家が精神分析という文化と「生きて」関わっていることの重要な側面である。そのとき私たちは、自らのパーソナルな発見と既存の用語や概念とを照合し、検討することになるであろう。中立性という言葉は、このような作業を進めていく上でいまだに大きな意義をもっていると考えられる。

（注１）　この論文の題名は、人文書院版フロイト著作集において「想起、反復、徹底操作」と訳された。ただ、この論文の英訳題名が当初 "Recollection, repetition, and working-through" と訳され、標準版において "Remembering, repeating and working-through" と訳し直されたことからみて、「思い出すこと、繰り返すこと、やりとおすこと」を選ぶ理由もあるように思い、ここではそれを採用した。

第八章　共感という罠——不可能な可能性

共感は絶えず持ち上げられている。それをわるく言う言葉を聞くことはほとんどない。少なくとも心理療法の専門家でない人たち（もちろんそのユーザーとしての患者もしくはクライエントも）にとって共感がとても望ましいものとして受け取られているらしいことは、ほぼ間違いない。事情は専門家たちにとってもそうであるらしい。「共感的でない」治療者だ、という批評は、治療者としての適性に関わるような非難として受け取られがちである。私が日頃コンサルテーションやセミナーで出会う、経験の浅い臨床家たちもほぼ例外なく、患者もしくはクライエントに「共感する」こと、「共感的に応対すること」はよいことであると考えているようにみえる。

共感という言葉が日常生活でどう用いられようと、それは私の論じる範囲を越えている。患者もしくはクライエントがそれを期待することも彼らの自由であり、とくに意見をさしはさむことではない（もちろん、彼らの望むものを供給することが、私たちの仕事ではないことも多いが）。しかし、私は、こころの臨床の専門家たちが共感という言葉を中心に置き、その達成に努めることを前提として自らの営みを考える態度に接するとき、ある種の居心地のわるさを感じてきた。つまり、「私はここで患者に共感しようとした」とか、「クライエントに共感的に対応した」とかいう発言に触れるときに、居心地がわるくなるのである。それは言葉はわるいが、ある種の胡散臭さのようなものである。共感し共感されている（と体験している）ふたりの人間がたしかに幸福な体験をしており、心理療法の営みにとってその幸福感が生産的な意味のある体験側面である可能性を、私は否定しない。にもかかわらず私は、私が感じてきたある種の居心地のわるさを大切にする方向でこの章を進めることにする。共感という言葉にまつわるある種の居心地わるさを検討することが、逆説的ではあるが、共感のもつ建設的な意味とその限界を理解することに寄与するだろうと感じられるからである。

その居心地のわるさをあれこれと吟味するなかで、私はある命題に到達した。それは共感というものを心理療法過程のなかでどのようなものとしてみるかについての、私のとりあえずの結論と言ってもよい。

共感は心理療法過程のなかで「不可能な可能性」としてしか心理療法家に捕まえることができないものである。それは可能性として確かに存在可能であり、ある種の治療的重要性をもつひとつの心的過程であると考えられるが、私たちはそれを私たちの努力によって直接的に達成することはできない。

この章で私はまず、なぜ共感が「不可能な可能性」なのか、その理由について論じようと思う。そしてそのあとで「不可能な可能性」としての共感を心理療法家が実践のなかでどう位置づけるべきなのか、それについての私の見解も明らかにするつもりである。

「不可能な可能性」としての共感

「誰に」共感するのか——患者は「ひとりの」人間か

《初心者Q》

治療者Qはまだ経験の浅い心理療法家であった。彼は彼の勤務する相談機関を訪れたクライエントRについて私に報告した。Rは気分の落ち込みとやる気のなさを訴えてやってきた。Rがそのような状態に陥ったのは今回が初めてであった。その状態は一週間前から急速に始まっていた。その日以来、彼は夜中何度も目が覚め、食欲も落ち、いくらか体重も減ったようであった。きっかけとして考えられるのは、ちょうど一週間前にRの就職が決まったことだが、就職先は彼の父親の関連する仕事を営む会社であり、その就職には相当に父親が関与していた。彼はその就職を意識の上では歓迎していた。

彼は苦しげな患者に「共感しよう」と考えて、「苦しそうですね」と声をかけた。すると、クライエントは苦しみを堰をきったように語り、泣き始めた。家族歴に水を向けると、クライエントは自分の家族関係を自発的にどんどん話し始めた。QはそうしたRの動きに「共感的に応対」しようと考えてRの話を傾聴し、クライエントが情緒的に強調した素材について、「なるほどそれはたいへんでしたね」「それはつらかったでしょう」のように言葉を投げた。クライエントの語る家族の物語は、自分の気持ちをわかってもらえない子どもの受難の物語であった。そうした物語をききながら、Qはしだいに気持ちがのらなくなり、語り続けるRに対してなぜか疎ましい気持ちさえ湧いてきた。もっとも彼はこの自分の気持ちの変化を、その時点でははっきりと自覚しておらず、私のコンサルテーションのなかでようやく自覚したのであった。この、わけもなく「気持ちがのらない」感覚にもかかわらず、彼は自分の気持ちの変化を押さえつけるかのように、「共感的に応対」しようと努めつづけた。

気がつくと面接の予定の時間が過ぎようとしていた。しかし、Qは話し続けるクライエントの話をなかなか切ることができなかった。やっと十分以上たってから、治療者はクライエントにそろそろ時間であることを告げ、

「あなたのいまの調子の悪さは、ご家族との関係が大変関係しているようだ。お父さんの仕事に近いところに就職を決めたことで具合がわるくなったのかもしれない。そうしたことを考えてみましょう。いまは調子が悪いようですから、いつでも連絡してください」と言った。その機関に勤めて日が浅いQには、Rが連絡してくればその日のうちに会える時間の余裕があった。

ところが、Rは数日して連絡もなくその相談機関を訪れた。Qはちょうど時間があいていたので、とくに何のためらいもなく彼と会った。そのときクライエントは何か気負っているように見え、「自分のことを理解してきた」などと語ったり、Qが初回面接のときに言ったことを受け売りしながら、それを受け売りだと感じていないかのようにふるまったりしていた。治療者はそうしたクライエントの態度に何かひどく不愉快なもの、そしてある種の危ない感じを抱いたが、そう感じたことをはっきり意識しないまま、「そういうことを考えようと思われたのは、たいへんよかった」と「共感的に」応じた。（そうした応対が自分の感じていた不快さとかなりのずれがあったことを、治療者は私とのコンサルテーションのなかでようやく実感した。）そして今度は次回の約束を提案し、Rはそれに応じた。だが、その約束の時間にRは現れなかった。その相談機関のカンファランスでクライエントのことを報告したところ、上級スタッフからコンサルテーションを勧められて、Qは私との予約をとった。

ここには経験の浅い臨床家の陥りやすい共感という罠が、まざまざと描き出されている。ここで治療者にみえているクライエントは、苦しいと訴え、自分の家族を自分の迫害者として告発し、それを治療者に理解させようとしている。治療者はそうした受難にいっしんに「共感」しようとする。苦しむクライエントの「身になって」クライエントの苦しみをわかろうとしている。しかしそこには大変大きな落とし穴があったように見受けられる。

彼がRという人間の全体をみていないということがもっとも問題な点であった。Rが最近一週間不眠と食欲不振をともなう抑うつ状態にあり、生物学的な変調が明瞭に存在した可能性が見落とされている。精神医学的には、この人物はある種の急性期にあるといってもよい。つまり、生物学的変調を背景にして、Rの心的機能はふだんとはよほど違った状態にあると考えるべきである。

もちろん、一週間前の変調まで、この患者に両親との問題、自分がおとなになることにまつわるさまざまな困難がなかったとは思わない。きっとあったのであろう。それは、彼が親の関与で就職を決めた直後に具合が悪くなったという事実から、ほぼ間違いないと思える。彼がその事実のもつ意味をまったく自覚していないことが、急性の抑うつ状態が生じたこととつながっていよう。

だが、ここで押さえておかねばならないのは、彼はそうしたことで援助を求めて来たのではない、ということである。彼はこの一週間に急性に生じた問題で困ってやって来たのである。それまでの人生で、彼はともかくも家族や同一性にまつわる心的課題を何とかこなしていたのだろう。したがって、この時点での臨床家の当面の目標は、一週間前の状態にとりあえず彼を戻すことであり、彼のもともとの生きかた（思考、感情、知覚の組織化のありよう）に即座に本質的な変化をもたらそうともくろんではならないだろう。そうしたもくろみをめざすことは患者のニードを越える侵襲であり、倫理的にも問題がある。そうした急性の問題をまず問題にするのであれば、生物学的変調に対してとりあえず薬物療法といった医学的マネジメントを提供することこそ必要だったのだと思われる。

Rの「受難の歴史」は、おそらく「ふだんと違う彼」が語っている言葉である。言い換えれば、彼の精神病的部分が脳機能の変調を背景に活動しているのである。心理的援助の基本的方針は、そうした言葉の内容にあまり関心を示さずに、語っている彼のありかたを見て取ること、そしていまの状態がおかしいと感じて相談に来た、彼のより健康な部分とつながりをつけること、その部分と協力して医療サービスにつなげることであったはずであろう。

一般にそうした精神病部分の語る言葉は、広がりや深みやリアリティに欠けている。それは意味の響き合いに欠け、たとえば銭湯の富士山の絵のようにのっぺりとして平面的である。そうした人格部分の語る言葉に触れるとき、必然的に治療者は不快や退屈さを体験することになる。患者の健康な人格部分が精神病部分に対して体験しているある種の蔑みややりきれなさを、治療者はたとえば「患者の話に気持ちがのらない」という体験として、（投影同一化を介して）直接に体験するのである。この場合、Qにはその体験が生まれていたが、それを利用できなかった。彼は精神病部分に「共感」しようと努めるあまり、もうひとつの人格部分には共感できなかったのである。治療者がもっぱら精神病的部分と結託した結果、患者は次回、躁的な印象を帯びて現れ、その後も奇妙な両価的態度を治療者にもつことになる。

対象関係論の立場からみると、こころはたくさんの人格部分の交流（投影、取り入れ、同一化、対話などを含む）を営んでいる（Bion 1957, Fairbairn 1952）。学派は違っても無意識を扱う心理療法ならば、治療場面からは直接に見ることのできない「不可視の患者もしくはクライエント」の存在を前提とするはずである。語られず直接には治療者に見えない部分が内部に存在するものとして、こころを概念化しているはずである。共感がある意味で「不可能」なものである、と私が言うのは、ひとつには、そうした人格部分のひとつひとつに治療者が意識的過程としてチューニングをすることは原理的に不可能だと思うからである。私たちが相手に共感していると感じているとき、相手の別の側面を置き去りにしている可能性は高い。そして、いまあげた例のように、相手のある側面に共感しようと躍起になればなるほど、その相手の他の人格部分と治療者とのつながりは断たれてしまいがちである。その結果、全体的なひとりの人間としての患者もしくはクライエントは、治療者の前から消えてしまうことになる。患者からたちこめる雰囲気やそのたたずまいの全体性に触れることによって治療者のこころがひとりでに動くことは、そのような意図的な「共感」によって困難になる。そうした自発的なこころの動きこそ、私は治療者にとって決定的に重要な機能であると考えている。このような機能、すなわちフロイトが「平等に漂う注意」(Freud 1912) という言葉で表現した、自発性と浮動性を帯びた意識状態と、治療時間における治療者自身のプライヴェートな体験を利用した患者との触れあいから、共感への意識的努力は私たちを隔てるのである。

共感の達成をもくろめるのか、知ることができるのか

心理療法過程で、そもそも共感をもくろむことができるのか、その達成をその主体が知ることができるのか、という問いも、きわめて原理的な問いである。

私たちは知的な判断の過程を能動的に運ぶことはできる。推論や解釈のような思考の機能は、直観という能動的意図を越えたものの力を借りることが多いとはいえ、情緒や感覚よりは随意的にコントロールできる。だが、私たちは自分自身を意図的に悲しくしたり、楽しくしたり、腹立たしくしたりすることは、ほとんどできない。自分の情緒というものは自分のコントロールを越えて私たちのこころに訪れる。(私たちが「人間的」であるとは、そのように去来する何ものかを、パーソナルなひとまとりの「私」の体験として、歴史をもつ存在である「私」の体験として引き受けることを意味している。私は心理療法の営みの本質を、患者もしくはクライエントがそのような意味でより「人間的な」存在となることの援助であると考えている。) だから、共感という過程のなかで他人の感情、情緒に自分の感情を「重ね合わす」という定義は、治療者が能動的には不可能なことを能動的にできるかのように表現しているに

すぎない。

そしてさらに間違いないことは、治療者は自分が患者もしくはクライエントと同じ心的状態にあるかどうかを判断するすべが原理的にないという事実である。もともと、共感という言葉に対する定義には、ふたりの主体が同一の心的体験（主に情緒や感情）を共有する（野上　一九九三）とか、ひとりの主体がもうひとりの主体の心的状態を身代わり的に体験する（Burness, E. Fine, B. D. (ed.) 1990）とか、ふたりの主体の体験、状態、感情がその定義のなかに入りこまざるをえない。私たちは「自分の感情」と他人の感情を「同じもの」として体験することはできない。それは、人間が自分の感情を体験する様式と他人の感情を体験する様式とが本質的に異なっているからである。私は、人間が他者の体験を自分の体験として体験することがない、と言っているのではない。投影同一化という心的過程ではおそらくそうしたことが起きている。だが、他人の感情を自分のものとして体験したとたん、それを他人の体験と呼ぶべきなのか、自分の体験と呼ぶべきなのか、私たち自身にはわからなくなる。私たちがある心的体験を体験するとき、その体験にはその由来を示すラベルが貼られていないのである。もちろん、もうひとりの観察者がいれば、そのラベルを彼が貼ることは原理的には可能かもしれない。なぜなら、治療者の体験も患者の体験も彼にとっては、「他者の体験」であるから、そのふたつをつきあわせることとは原理的に可能である。

この世には「自分の体験」と「他者の体験」しかない。そして、そのふたつのカテゴリーに属するそれぞれの体験は同じ地平に並べることができない。そのため、それらを直接に比較したり、重ねたりすることは、原理的に不可能である。つまり、治療者が患者もしくはクライエントに共感しているかどうかは、とりわけ当の治療者にとっては、直接知ることのできない不可知の知識なのである。

症例《どうしようもない涙》

アゴラフォビア、慢性のひきこもり、抑うつ的な人格傾向が長期の問題となっている二十代後半の女性と私との週一回の心理療法は、開始して二年間膠着し続けた。思春期以後彼女は大家族で下女のようにこきつかわれていた母親の仕事を肩代わりし、まさに母親のように家庭内で自己犠牲的にふるまうことになった。しかし、母親は家庭から脱出して買い物などで息抜きするときには彼女をだしにする一方、高校生の彼女が友人との一泊旅行に行ったとき、彼女だけ家から電話がかかってこなかった、という挿話が示すように、彼女の成長への支持も、さらには彼女の献身へのねぎらいも母親から表明されることはなかった。母親にとって、彼女は自分の一部であったのだろう。彼女の症状が出現し、彼女が専門家の援助を望んでも、母親はすぐには動かなかった。私の心理療法にたどりつくには、何度かの自殺企図が必要だった。

治療が始まって一年半のあいだに、このような理解は私のなかで定式化された。彼女がしだいに面接場面でくつろぎ始めたことに力を得て、私は彼女にその線で介入していた。彼女の自己犠牲、報われないつらさ、それに対する意識できない怒り、その怒りが自分に向かうことによる症状形成、といった解釈が行われた。「あんなにがんばったのに誰からも報われないでつらかったのでしょう」「あなたがいなかったら、あなたの家は回っていかなかったでしょう」のように。だが、私からするとあまりにも間違いないように思えるこうした「共感的な」解釈に対して、彼女ははかばかしい反応を示さなかった。終わることのない彼女の家庭内での自己犠牲に対して、私がこうした介入を繰り返すと、彼女はとめどなく涙を流した。その涙からは、私の理解に対する感謝や理解されたことによる安らぎはまったく感じ取れなかった。いつ果てるともなく泣いている彼女をみていると、私は居心地が悪くなり、何ともいえない狼狽を感じるのだった。やがて、その狼狽が私が彼女をいじめているという感覚にもとづいていることが、私のなかでしだいに形になっていった。彼女のとめどない涙に出会うたびに、私の無力感は深まっていった。

私がこの膠着した治療状況を抜け出すには、何カ月かを要した。当初私は自分が彼女を「いじめている」感覚を手がかりにして、むきになって解釈を押しつける自分のあり方が、専制的な祖父母や無慈悲な父親といった彼女の内的対象に同一化している可能性を思いめぐらした。やがて、私を結果的に岩のように頑固にはねつけている彼女と無力感にうちひしがれながら解釈を続ける私も、無慈悲な両親と自己犠牲をつづける彼女を再演しているらしく思えてきた。私は片方で両親であり、片方で彼女なのだった。私がそうした理解をもてるようになったことによって、私の「共感的」解釈はおしつけがましさを減じていった。それにともなってゆっくりと彼女は元気になり、面接室の内外にある種の伸びやかさが生まれてきた。

いくぶん事態が好転し始めて一年たった頃のセッションで、私は久しぶりに彼女がしくしく涙ぐむのを眺めていた。彼女の自己犠牲をまたもや母親に無視されたことが語られるうちに、彼女は泣き出したのだった。私は黙ってその話を聴いていた。もう「共感的な」解釈をする気持ちにはならなかった。自分も悲しげな気持ちに浸りつつあることを感じながら、泣いている彼女の前で、私は自分が以前ほど居心地がわるくないことに気づいた。彼女のすすり泣く声だけが部屋を満たしていた。ふと、私には自分が以前何を見落としていたのかが実感されてきた。どれほど母親が彼女の自己犠牲に感謝せず、それを利用したとしても、彼女にとって関係を作れる相手は母親しかいなかったのだ。どれほど自虐的なものであれ、彼女は母親との人間的な絆を体験しており、その絆は彼女にとって唯一のものであったのだ。彼女の外出不能という症状の背景には、その絆を彼女自身の人生を犠牲にしても確保しようという強いニードが横たわっていたのだ。私は以前の自分の「共感的」解釈が、そのなけなしの絆への脅威として彼女に受け取られていたことを、このときようやく明瞭に理解した。

私が最初に彼女に共感しているつもりだったとき、私は彼女の孤独の奥行きと深みを理解していなかった。私は強い孤独と無力を治療場面で感じていたから、彼女の心的状態を共有していたかもしれない。だが、私はその感情を理解することはできていなかった。共感が患者と同じ気持ちになって振り回されることでなく、共有した気持ちを理解することを含む過程であるとするなら、私は当時彼女に共感していたとはいえないだろう。私は自分が彼女に「共感できている」と感じていたが、その悲しみを縁取っている歴史性と必然性を私は理解していなかった。私は彼女の一部に無自覚に同一化しているだけであった。私の共感はその意味で偽物であった。

私は、この素材の最後に挙げたセッションで共感的理解がより十全な形で私に生じたと考える。そのとき、私は彼女の悲しみをより奥行きをもつ形で理解しつつ、彼女の悲しみをあくまで彼女の悲しみであると感じながら、自分自身も悲しみの情緒に包まれていることを自覚していた。

このような形の共感が生じるためには、ふたりのあいだで何らかの仕事がなされてその準備が整えられねばならない。この素材でもそうであるように、とくに治療者の内的な仕事が決定的に重要である。そしてその準備のなかでは、ふたりのあいだにある種のくつろぎが生まれることがとりわけ重要である。そのとき、ふたりは、ひとりひとりのプライヴェートな物思い reverie（Bion 1962, Ogden 1997）を営みながらも、ある共有した情緒を体験することができる。そして、大切なことは、そうした物思いのなかで、共感がひとりでに姿を現すことである。共感は、自分自身であることと他者であることのあいだを遊ぶことである。その、ふたりであることとひとりであることのあいだにある場所に生じる物思いのなかに、共感ははじめて移行的で自発的な過程として姿を現す。ウィニコットの言葉で言えば、それは可能性空間のなかの現象であり、ある種の「遊ぶこと playing」なのである（Winnicott 1971b）。最後のセッションでの私と彼女は、そうした場所を創造することに成功していたように思う。

＊

共感はひとりの主体の努力によってもくろまれたり、見知られたりすることの不可能な、独特の間主体的過程である。その意味でそれは「不可能な可能性」である。そこでは、相手と心的状態を重ね合わせる営みとその心的状態をそこから離れた浮動的な視点から見て理解する営みとが、共存しつつ交流する。私の考えでは、それはふたりのあいだにくつろぎと自発性を帯びた物思いが存在することを前提にしている。つまりそれは、患者と治療者のふたりの間主体的な相互作用によって生み出された独特の場所のなかで準備されているのである。

こうした視点からみると、共感を一義的にめざそうとして心理療法に臨む治療者は、その姿勢のゆえにかえってある危うさを抱え込むことになると私は思う。それをふたつの点から考察しよう。

共感をめざす姿勢のはらむ危うさ

心理療法過程からの生命の剥奪

何かを無条件によいものとして、その内実を括弧のなかにくくって棚上げする、というこころのはたらきは、「わからないこと」「知らないこと」に直面することを回避する態度と結びつく危険がある。そうしたこころのはたらきによって、「わからないこと」「知らないこと」があたかも既知で疑問の余地もないことのように考えることこそ、私たちが患者の病理の中核にしばしば見出すものである。もちろん私たち人間は、「知らないこと」「わからないこと」に完全に直面することは不可能である。たとえば私たちは、自らの死という最大の謎、けっして自分では触れることのできないできごとが本然的にもつ不可知さの全体に直面することを避けている。それにまともに直面することと社会的存在としての私たちの日常とは、おそらく相容れないであろう。しかし、私たちが「知らないこと」「わからないこと」に直面し、そのときに必然的につきまとう情緒や思考から自らを隔てれば隔てるほど、私たちは生きることの全体性からも隔離されてしまうだろう。そうした隔離が行き過ぎたものになり、「わからないこと」を「わかったつもり」になって自分自身を言いくるめることが優勢になるとき、そこで生じる偽りの知識や思考は、病的解決と呼ばれることになる。患者もしくはクライエントの多くは、無意識の病的解決によって、なぜ自分がこのように何かを怖れ、何かに巻き込まれ、何かに閉じこめられているかを問わなくてもいいように、自分を納得させている。

私たちが共感を無条件によいものであることを自明のものとして括弧に入れ、治療者がそれをめざすことを一義的に努めればそれが達成され、よい結果を生む、という考えは、私たちを不安や無力感から保護するであろう。しかし、そのとき、「共感」は一種の呪文、治療者自身を欺く「嘘」として機能する。それは私たちを言いくるめ、十全に体験の全体性を体験することから私たちを隔てるであろう。そして、私たちが十全に感じ、考え、味わうことがない限り、心理療法はその生命力を奪われるであろう。さらに、そうした考えは一種の「精神論」であるが、精神論に陥ることは心理療法家にとって自己矛盾である。自分のこころのなかを自分の心がけしだいで万能的に変化できるのであれば、心理療法など最初から必要がないからである。心理療法は基本的に、他者の存在を人間のこころの変化の媒介として決定的なものだと考える考えかたに根ざしているはずである。共感は心理療法という特殊な間主体的過程の結果として、治療者にもたらされるミクロな心的変化である、という観点が、私にとっては正当に思える。それはどのような訓練を経ようとあらかじめ準備できるものでなく、間主体的な心理療法過程の結果として生まれるものである。

先に挙げたふたつの素材で、治療者Qも私も、こうした「共感」という言葉の呪文化、それによる心理療法からの生命の剝奪という失敗から免れていない。心理療法過程に再び生命が吹き込まれるためには、まず治療者が治療場面における雰囲気や自分のなかの物思いに開かれ、自らの行っている「共感」に微かに含まれている「嘘」の感触をまさぐらなければならなかった。

治療空間の剝奪の危険性

心理療法過程の本質の一端が、治療場面で体験する空間の感覚にあらわれる、間主体的な空間の創造にあることを、私はいくつのかの論文で主張してきた（藤山　一九九四、一九九五、一九九六）。この観点からみると、共感がたとえ偽物でないとしても、共感がふたりの主体のこころの重なり合いという要素を含んでいる限り、そこには治療空間が奪われる危険が兆すように思われる。五章で取り上げた患者をもう一度、その視点で検討してみる。

症例《冷蔵庫》

彼女は私にとってほんとうに難しい患者であった。二十代半ばの彼女は長期のひきこもりと挿話的な過食／嘔吐で苦しんでいた。彼女は高い知性をもち、孤高の人という印象を与えた。治療開始初期のあるセッションで、私のささいな先取り的質問を聞きとがめて彼女は、ひどい、といってうつむき、涙を流し続けた。それ以来、私は彼女に率直に介入することが難しく、絶えずある種のおびえを感じていた。彼女はしばしば長時間沈黙した。そのようなときの緊張に満ちた時間の感触は彼女と別れて数年を経過したいまも、硬質な記憶となって私によみがえることがある。私は沈黙を扱いかねた。さらに、ときおり彼女が話しても、高度に知性化されてわかりにくい比喩に満ちた彼女の話は錯綜としており、質問すればするほど私は迷路に入り込んで何も理解できないという感覚に陥った。そのようなとき、私は彼女から完全な無能な存在だと感じられ蔑まれているように感じた。自分が彼女から完璧に追い払われている感覚に私はたえず圧倒されていた。このようにして私にはますます介入が難しくなり、相互のひきこもりによって、手がつけられない緊張に満ちた沈黙で時間は意味もなく埋め尽くされるのだった。

　そのような時期が二年も続いた頃、三セッションの完全な沈黙が続いた直後のセッションで、彼女はふと弱々しそうな感じになり、昨夜眠れないのでベッドから起き出してミルクを飲んでやっと寝た、という話を語った。そのとき、私の意識に、暗い真夜中のキッチンで開け放たれた冷蔵庫の光を背後から浴びながら、白いパジャマ姿でぽつんとしゃがみ込んでミルクを飲んでいる彼女の姿が、まるで実際に見た記憶であるかのような鮮明さで浮かんできた。冷蔵庫のなかはからっぽだった。その情景は寒々しく、吹きさらしの荒涼とした寂しさをたたえていた。私はいまでもその情景を実際にみたかのように思い出すことができる。私は自分の頭に浮かんだその情景が、冷蔵庫／母親の乳房が空虚で無機的であること、それにもかかわらず彼女が乳房／ミルクを求めずにはいられないことを、私に伝えているのだと感じた。彼女の母親は強烈に侵入的で支配的な人物であった。彼女がひきこもっているのに郷里を離れてひとり暮らしをしているのは、母親から物理的距離をとるためであったし、私の心理療法に来ている意識的理由は「病気」と認められることで彼女の達成への母親からの執拗な要求に歯止めがかかることの期待であった。そうした母親への強い迫害的不安の背後で、彼女はやはり乳房とミルクを求めていたのだ。私は彼女のつよい対象希求と、冷蔵庫のような冷たい機械からしか安らぎを得られない寂しさに言及し、冷蔵庫と機械のように冷たくよそよそしい母親とを結びつけた。彼女は安堵するかのように涙ぐみ、束の間の柔らかい時間が私と彼女のあいだを満たした。

しかし、次のセッションでまた彼女はまさに氷になり、冷たくひきこもった。そしてそのひきこもりは固定化し、半年後に彼女は治療を去って行った。私にとってそれは何とも苦渋に満ちた終了だった。

彼女が夜中にミルクを飲んだことを報告したセッションで、私が「見てきたかのように」冷蔵庫と彼女の含まれた情景をイメージしたことは、彼女の一種の直接的コミュニケーションの結果である。私は無媒介に具体的に彼女の対象世界を体験したのである。しかしそれは、「ふたりであること」と「ひとりである」ことのあいだの物思いの空間、治療空間が崩壊し、私も彼女も「ひとりであること」が不可能になった瞬間でもある。私たちはその瞬間、プライヴァシーを失い、「ひとり」である側面を失い、徹底して「ふたり」になってしまった。たしかに私は彼女が手紙で書いたように彼女をわかろうとしすぎていた。沈黙で満たされた三セッションの直後であったために、私は「彼女をわからなければ」「彼女の気持ちを汲まなければ」という焦りに圧倒されていたのかもしれない。私は共感を必死にめざそうとしていた。そしてそれをあまりにも直接的な形で手に入れてしまった。

絶えず彼女のこころの空間を剥奪するような侵入的母親に育てられた彼女にとって、わかられることはきわめて危険なことであったし、こころを重ねられることはそのまま彼女の「私」の消滅につながっていた。だからこそ、彼女は私との治療を何年も維持しながら、徹底してひきこもり続けたのである。「ふたりであること」と「ひとりであること」の対話を彼女が楽しめるためには、ふたりであろうとする他者（＝治療者）を拒んでも、そうした対話をはらむ舞台は維持されるという確かな安全感が体験される必要があった。彼女は私を残酷に拒みはねつけながら、私がそうした拒絶を持ちこたえ、そのような舞台、すなわち治療空間を維持する力を期待し、その期待に身をゆだねていたのである。

そのセッションで私は彼女の強烈な対象希求にたしかに鮮やかに共感できた。しかし、そこで生じた共感が、ある意味で罠であることは私にはわからなかった。私がその共感を解釈として伝えたとたん、結果的に私は罠に落ちたのである。私がその理解を「ひとりであること」のなかのプライヴェートな物思いとして保持できないことは、この水準の彼女にとっては、彼女のプライヴェートな心的世界を剥奪することだと受け取られたのである。こうした意味での孤立の尊重の必要性については、ウィニコットが先駆的な仕事をしている（Winnicott 1960）。論理的に言って、共感をされることを怖れる人格部分に共感する、という命題は、ある種の自家撞着を含む。その部分に共感したとき、共感を維持することは非共感的であることを意味するからである。ウィニコットが明らかにしたのは、そのような人格部分がどのような個人の中核にも存在しているという理解であった。共感を直線的によいものとして求める態度は、ここでも再検討を求められるのである。

まとめとささやかな提案

共感が達成されることは、心理療法過程にとって生産的転機を生む可能性をもつ重要な心的過程である。だからこそ、私たちは次のことを知ることが必要だと考えられる。これがこの章のまとめになる。

共感は心理療法過程のなかで「不可能な可能性」としてしか心理療法家に捕まえることができないものである。それは可能性として確かに存在可能であり、ある種の治療的重要性をもつひとつの心的過程であると考えられるが、私たちはそれを私たちの努力によって直接的に達成することはできないし、その達成をその場で知覚することもできない。それは、患者もしくはクライエントと治療者のふたりの間主体的な相互作用によって生み出された独特の場所のなかでひとりでに生成される。そこはふたりであることとひとりであることとが交錯した、あるくつろぎの空間である。共感はあらかじめどのような訓練によっても用意され得ないものであり、治療的交流の結果である。したがって、それを一義的にめざそうとする治療者は、治療空間を崩壊させ、共感概念を病的解決として利用する可能性がある。

＊

共感は蜃気楼のように私たちを誘い、私たちがそれをつかんだと思った瞬間、それはすでに消えている。そして蜃気楼が消えたとき、そこに破局がもたらされていることもある。

私はひとつのささやかな提案をしたい。

共感が意図的に達成できない以上、治療者は自分が目指そうとしているものとして共感という言葉を用いるのをやめ、回顧的にそれが達成されたかどうかを吟味するときにのみ用いることが適切であろう。

第九章　カウチ、隔たりと生々しさの逆説

フランスの分析家、アンドレ・グリーンの論文を最近読み返していたら、精神分析の営みにとって回避できない本質的な問題とは、精神分析と社会のあいだの矛盾を分析すること、精神分析の制度と訓練のなかの矛盾を分析すること、そして精神分析設定そのものの矛盾を分析することの三つである（Green 1975）というフレーズにぶつかった。この矛盾という言葉をウィニコットにならって逆説という言葉で表現してもいいのかもしれない。

私は次の章「プライヴェートな営み、生きた空間」において、最初の矛盾、すなわち社会生活と精神分析のあいだにある逆説を検討することになるだろう。分析家がきわめてパーソナルにしつらえた場である分析オフィスのはらむ独特の親密さと、そのオフィスが社会のなかで分析家が生きて行くための糧をえるためのビジネスの場所であることにともなうフォーマルさとのあいだの逆説について私はそこで語るであろう。

また私は別の論文で（藤山　二〇〇〇a、二〇〇〇b）、ふたつめの矛盾、精神分析の訓練のもつ逆説を検討した。つまり、逆転移から自由な「中立な」分析家になるという要請が訓練分析をはじめとする訓練システムを生みだし、その結果、擬似家族のなかでの濃厚な文化的再養育という趣きを生み出したことは、私から見ると大きな逆説だと感じられるのである。

そしてこの章では、精神分析設定そのもののはらむ矛盾、逆説に取り組もうと考える。精神分析はきわめて逆説的な設定を基礎として営まれるきわめてユニークな営みである。そしてそのユニークさをかたちづくるもののうち、もっとも目に見える形で存在するのがカウチの設定である。私はカウチというものの機能に含まれる逆説を検討することを試みる。

日本ではほとんど廃れているかにみえるカウチであるが、国際的にみると、カウチに横たわる患者とその背後の患者からみえないところにすわる分析家という設定から、精神分析は一度も離れたことがない。国際精神分析学会ＩＰＡの定義では、精神分析とは、訓練されて資格を得た精神分析家による、週四回以上のカウチを使った自由連想法による精神療法を指すとされている。ＩＰＡに属する全世界の一万人余りの精神分析家たちはみな、訓練の過程で週四回以上の個人分析を何百セッションも受けたことは間違いなく、ほとんどが分析家になってもカウチで実践を続けているはずである。

そして精神分析が誕生したときも、すでにカウチはそこにあった。フロイトがこの設定に強くこだわったこともまた事実である。しかし、私たちはフロイトがなぜこの設定を見出して使用しつづけたのかを、彼の書いたもののなかに明瞭に探し当てることができないように思われる。もちろん彼は部分的には書いている。しかし、彼が体験していたことすべてを記述したとはとても思えない。すでに第七章で論じたように、フロイトは彼の見出したものすべてを意識していたわけではないようである。

彼がこの設定についてはっきりと書いたのは、周知のように一九一〇年代前半のいわゆる「技法論文 Papers on Technique」に含まれる六つの一連の論文（Freud 1911–1915）のうちの、「治療の開始について」（1913）においてである。この時期、すでに彼は初期の連想による除反応モデルから脱し、一九一四年の「思い出すこと、繰り返すこと、やりとおすこと」で明瞭に語られるように、転移と抵抗を扱うこと、すなわち患者と分析家のあいだの間主体的領域が分析的営みが生じる場であることを前提に技法論を再構築している。ドラの症例についての論文（Freud 1905）で転移にはじめて言及してからわずか十年たらずのうちに、転移を治療の障害物と考える見方から治療の中心的な道具と考える考え方に転換したことを考えると、急展開だと言わざるをえない。それから現在まで実に九十年、そのアイデアは基本的な改訂をこうむってはいない。

そして私も自分のオフィスでほとんどすべての患者もしくはクライエントたちと、カウチを用いて分析的実践を営んでいる。カウチという設定のもつ、独特で、しかし強力な生産性に日々触れている。カウチのもつ力の一端を何とかして形にしようとするのは、私にとってひとごとではない大事なのである。

カウチ設定の隔離的要素――防衛的側面と生産的側面

「技法論文」のうち、「治療の開始について」(Freud 1913) は治療設定についての具体的な示唆を述べた論文である。カウチの設定について述べたパラグラフを引用する。

私は患者をソファに横たわらせ、彼の後ろの彼から見えないところにすわるというやりかたに忠実である。この配置は歴史にもとづいている。つまりそれは精神分析がそこから進展してきた催眠法の名残である。だがそれは多くの理由で維持されるに値する。ひとつめはパーソナルな動機ではあるが、他にも私と共通の考えの人もいるだろう。私は他人に一日八時間（あるいはそれ以上）も見つめられるのには耐えられない。そして、患者に耳を傾けているあいだ、私は自分の無意識的思考の流れに身をゆだねている。その私の顔の表情が患者にとっていろいろな解釈の素材になったり、彼が語ることに影響を与えたりすることを私は望まないのである。さて、患者はたいていこの姿勢をとらせられることをつらいことだと見なしてそれに反抗してくる。とくに見る本能（窃視症）が患者の神経症の重要部分であるときにはそうである。しかしながら私はこの手続きに固執する。なぜなら、その目的と結果が、転移と患者の連想が知らないうちに混じり合うことを防ぎ、転移を隔離してそれが抵抗として正当な道筋でくっきりと姿を現すことを可能にするからである。私は多くの分析家が違ったやりかたで仕事をしていることを知っている。だが私には、そうした偏りが違ったようにやりたいからなのか、そうすることによって得られる利点のせいなのかはわからない。(pp.133–134　筆者訳)

「八時間も見つめられることに耐えられない」というフロイトの表現を彼の人格傾向や病理のあらわれだとみる見方がときおり語られることがある。しかし、実際に分析的な営みを一日七時間も八時間もすることを考えたとき、この発言はとても正直なもののように私には感じられる。彼は「パーソナルな」理由だと言うが、これは普遍的な理由ではあるまいか。

ここで私が注目したいのは、ここでフロイトが「見つめられることに耐えられない」と書いて分析家側の負担の軽減に言及し、さらに分析家側の素材で患者の表出に影響を与えて患者の転移的表出や連想を「汚染」しないようにすることを強調していることである。そうした記述には、とても防衛的なニュアンスがある。つまり彼はこの設定がふたりを隔離する側面がもつ防衛的な要素に注意を集中しているようにみえる。

このことに、私は彼の臨床家としてのリアリティを見る思いがする。考えてみれば、フリースとの体験を核にある種の自己分析を獲得したにせよ、彼には教育分析家もスーパーバイザーもいなかったし、支えてくれる力のある同僚もなかった。そのなかで十年にも満たないあいだに、催眠、前額法、自由連想法と孤独に突き進んで、技法的革新を達成したのである。しかも、自由連想法とひとくちでいっても、一九〇一年に行われた症例ドラの分析において彼がとった、理詰めで相手を追及して行くような治療的構えとこの時期の「平等に漂う注意」をもって“Simply listen”するという構え（Freud 1912）とでは、まるで別物である。フロイトは疾走していた。この短い期間に確固とした支えのないまま、技法をラジカルに改訂していったフロイトの不安はたいへん大きかったのではないかと推測できる。

カウチ設定の隔離的側面について、彼が防衛的にだけ述べていることには、そうした背景があるだろう。しかし、いまの引用の個所の冒頭の部分では彼がかなり控えめな調子なのに、その直後の部分で、この設定に「固執する insist」という強い表現を用いていることが注目される。このことは、彼がこの設定を気に入り、その治療的有用性に確実なてごたえを感じていたことを想像させるものでもある。彼はこの設定の隔離的側面に防衛的な契機だけでなく、生産的な契機も暗黙のうちに見出していたのではないかと思えるのである。

しかし彼はその生産的な要素を語れなかった。それがなぜかを考えたとき、私は、精神分析がパーソナルな孤立、人間がひとりでいることの人間性に対してもつ意義を十分に語ることができるには、五十年近く後のウィニコットの出現を待たなければならなかった、という事実に思い至る。ふたりの関与者が隔離されていること、とくに分析家がプライヴァシーを維持することのもつ生産的な力を語るための概念装置を、フロイトはまだもってはいなかった。

しかし、フロイトがまだ逆転移を障害物として考えてはいたものの、すでに、分析家の「無意識を患者の無意識に電話の受話器のようにさし向ける」（Freud 1912）というアイデアをもっていたことも事実である。そして先ほどの引用の部分でも、分析中の彼が「無意識的思考に自分自身をゆだね」ていると述べている。彼はある意味で、自分の分析家としての機能が、必ずしも意識的二次過程的な推論によるのではなく、無意識的で一次過程的な直観に支えられていることに気づいていたように思われる。しかし、そうした無意識の漂いが捕まえられる形になるまでの過程については、明確に語ってはいないない。

私は分析家の側の、セッション中にコントロールを欠いてひとりでに生み出されるさまざまな心的体験が、患者の無意識の漂いを受け取りつつある分析家の無意識のありかたを伝えてくるものであると考えている。(このような物思いの具体的な例については、この本のいたるところに記述されているが、症例《舟》や症例《冷蔵庫》や症例《写真たて》などの素材に典型的にあらわれている。)そうしたプライヴェートな物思いが深いところでの患者からのコミュニケーションのあらわれであるとするならば、そして「無意識の漂い」を「平等に漂う注意」をもちいて捕まえるというフロイト自身が創造したモデルが意味をもっとするなら、私たちは物思いに浸れる場所をもたなければならない。分析家が患者とともにいながら、同時に自分自身のプライヴェートな思考、感情、空想に耳を傾ける空間をもてることこそ、彼が彼の「無意識的思考に身をゆだねる」ことを可能にし、それを通じて捕まえた患者の無意識の漂いに触れる機会をもたらすはずである。そのことによって、私たちは「単に聴く Simply listen」ことが可能になる。私の考えでは、それは、物理的に単に聴けということを意味するだけでなく、心的に「単に聴く」こと、すなわち二次過程思考に煩わされないで物思いのなかで直観的に患者の無意識的な世界を直接に受け取ることを勧めているのである。

カウチの設定のもつ、このふたりの関与者を隔離する側面は、分析家にプライヴァシーをもたらす。分析家が患者からみえないことは、患者との「客商売」によって生活の糧を得ていることに起因する、本質的でない社交的な応対(それは意識による意識のもてなしにしか過ぎない)、たとえば職業的微笑、怒りや失望や嫌悪などの自発的表出をある種の礼儀正しさで置き換えることなどから、分析家をセッション中自由にしてくれる。いま挙げたようなある種のソーシャルな活動は対面の面接のときに、治療者が無意識的に絶えず巻き込まれているものである。ウィニコットの発達論のなかでは、それらは正常な「偽りの自己」の活動に属している（Winnicott 1960）。そうした活動は環境的破綻から「生きている」ことを保護するのであるが、それ自体は「生きている」ものではなく、行き過ぎてしまえば「生きていること」に置き換わり、「生きること」を偽りのものに変えてしまう可能性さえ帯びている。対面設定での治療者は微笑みを維持するというある種の嘘を維持することによって、患者に対する正常な逆転移（Money-Kyle 1956）や客観的な逆転移としての患者への憎しみ（Winnicott 1947）を自分から隠蔽し、その結果患者の本質的なコミュニケーションを受け取ることに失敗することもありえるかもしれない。

カウチに横たわる患者にみえないところに座ってプライヴァシーを確保した分析家は、くつろぐことができ、大きな自由を獲得する。それは対面で患者の前にいるときの感覚とは大幅に異なった体験である。表情を変えること、たとえば肩をもむことや首を回すこと、痒いところを掻くこと、強い眠気を味わうこと、患者の連想と離れたひとりでに生じる身体感覚、感情、思考に浸されること、そしてそれに浸されていることを自覚して、そこから生じる物思いにある程度こころを開くことなどが、大幅に自由になる。そうしたことすべてがセラピストを「生きていること」に近づける。

そして何よりも対面と違うのは、ふつうの会話をしている感覚から自由になるということである。いうまでもなく精神分析的なセラピーは患者の話を聞き、相談にのることではけっしてない。そのような関係性がその場の中心を占めることもひとつの転移現象としてありえるが、精神分析の営みの本質はそこにはない。カウチ設定においては「患者の話を聞く場所」にいる感覚というよりも「何らかの特異な営みを持ちながら、患者と一緒にいる場所」にいる感覚が優勢になる。対面設定のときのように話をしていると体験されるのではなく、ふたりがいて何かを営んでいると体験されるという事態が明瞭になる。

ここで重要なことは、カウチの後ろにいる分析家がプライヴァシーを維持できるのと同時に、患者も同じようにプライヴァシーを維持することができる側面がある、ということである。実は分析家から患者の表情はあまり見えない。そして何よりも、患者の視界には誰もいない。患者はある意味でひとりぼっちでそこにいる。それはくつろぎの感覚を生むかもしれない。実際私の経験でも多くの患者が、「こういうふうにして話すことが最初は変だと感じたけど、いまはこっちのほうがずっと話しやすい」と語るようになった。そうなった患者の連想には、焦りや戸惑いの含まれない、ゆったりとした沈黙が兆してくる。こうなると治療者は、ウィニコットが「ひとりでいる能力」(Winnicott 1958) というタイトルの論文の冒頭に記した、生産的な沈黙が実感できるようになる。カウチでのセッションでの患者は、一概に言って沈黙がちで、小声である。それは患者が部分的には、ひとりで語っているからなのである。

こうしてそこにはふたりの人間がいるが、患者も治療者もひとりであり、プライヴァシーをかなりの程度保証されているという逆説的な状況が生まれる。端的にいえば、ふたりの人間がふたりでいながら、おたがいにひとりでいるということであり、ウィニコットが「私たちが生きる場所」(Winnicott 1971b) と呼んだ場所が生まれるということである。こうした逆説の保存こそが、人間が遊んだり、生きたり、何かを創造したりすることに不可欠な要因であることをウィニコットは何度も語っている。

カウチ設定の「生々しさ」という要素

カウチ設定の隔離的側面が単に防衛的な意味があるだけでなく、ふたりでいてひとりでいる場所の生成、プライヴァシーの維持とつながりの維持という逆説的な課題の達成が可能になるという生産的な意味を帯びていることを見てきた。しかし私は、これだけではこのカウチ設定のもつ本質的要素に十全に触れていることにはならないように感じる。というのは、いままでの検討は先ほどのフロイトの引用に登場した「私は患者をソファに横たわらせ、彼の後ろの彼から見えない場所にすわる」という記述の後半の部分に焦点が置かれているものの、前半の部分、「患者を横たわらせる」ところには触れていないからである。

分析家は患者をなぜ横たわらせるのだろうか。この設定の隔離的側面、ひとりひとりにする側面だけが必要なら、ふたりとも椅子に座って同じ方を見ていてもよさそうなものである。なぜ患者は寝なければならないのだろうか。

まず第一に私が思いつくのは、分析家が起きていて患者が寝ていることによって、世話する‐世話されるという役割構造が具現するということである。寝ている乳児と付き添っている母親を連想させるこの設定は、母子関係のメタファーになっている。それは母子関係の非対称性を具現している。乳児である患者が横たわり、眠り、夢を見るのに対し、母親である分析家は、からだを起し、目覚め、考えている。患者の乳児的退行がそこでは少なくとも部分的には期待されていることが暗黙に伝えられているといえるだろう。

ただここで重要なことは、たとえば、しばしば同じ母子関係のメタファーで語られる精神科医として薬を与えたり、入院させたりというようなタイプの世話と、カウチに患者を横たわらせてそばにいることとのあいだの違いである。その違いは、カウチでの世話には、薬や病棟といった媒介物が存在しないということによって、同じ母子関係のメタファーとして直接的で生々しいものだということにある。母子関係の具体化と言ってもよいほどである。フロイトが自分の理論を第三者の存在を前提とした世界の描写、すなわちエディプス的なこころのありかたを基礎に構築したこと、すなわち二者関係的で即物的な密着した世界を彼が言葉にすることがなかったことと、彼の臨床の場がもっているこの二者関係的な具象性、直接性、生々しさとは、鮮やかな対比をなしているように私には思える。

カウチの設定の具体性、生々しさは、その場面を体験してみないとぴんと来ないところがある。私のパーソナルな体験をもとにそれを描写してみよう。カウチに患者が横たわっているという事態は、とにかく生々しいものである。大人がもうひとりの大人とふたりっきりで横になるということは、この世のなかではとても生々しいことである。それは性交渉を単に「寝る」という言葉で表現することでもわかる。

この生々しさはたとえば、カウチの枕のカバーを毎時間取りかえて洗濯に出すべきか、それとも患者ごとに違ったカバーを用意しておくべきか、などということを、分析家がどうしても考えないといけなくなることにあらわれている。バリントにはこのことを取り扱った論文がある (Balint & Balint 1939)。私は患者ごとに決まったタオルをカバーとして与え、それをしばらくすると洗濯するというやりかたを採っているが、セッションとセッションの合間に患者ごとにタオルを替えるその瞬間に感じる患者の匂いに対する自分の反応をみて、そのときの私の患者に対する逆転移的空想の質に気づくこともある。ヒステリカルな患者のつけている強烈な香水の匂いのついたタオルを換えているときにある種喜んでいる自分がいることもあれば、辟易している自分がいることもある。

考えてみれば、患者がカウチに横たわるということは、彼や彼女のからだの表面の大きな部分が分析家の所有物に接することである。そしてその所有物の管理は分析家がするのである。実際私はシーツを毎セッション整え、皺を伸ばす。そのとき私は彼や彼女の体温とからだの動きの名残に触れるし、匂いや汗の感触に接する。そうしたときに立ちあがってくる自分の情緒に触れることは、おそらく患者との関係の性的／母子関係的な転移の文脈のなかでの私を体験することである。それはあるいは、性的なものと母子関係的なものとが分化する以前の、皮膚の触れ合いだけしか関係性の基盤のない原初的なこころのありかたのもつ直接性を帯びているものかもしれない。

精神分析が、こころをからだにまつわる幻想や本能から練り上がってゆくものとしてとらえるものである、という本質を考えたとき、この直接性と生々しさの側面はきわめて重要な意味があると考えられる。このことは精神分析が、解釈という言語的象徴的なものを生み出す分析家の営み、そしてその象徴／言葉との出会いによって引き起こされる患者の営みを中心的な問題として考えて来たことを、逆照射する。精神分析がひとつの交わりであるための、すなわち社交的なおつきあいを超えた、もっとおたがいのこころを相互に貫通するような営みであるための感覚的な根拠と手応えを、このカウチのもつ直接性の要素は保証しているのだと考えられる。そうした直接的な生々しさは、そこで生じる体験の床（フロア）、もしくは繰り広げられるドラマの舞台の板のようなものとして機能している。そしてその基礎の上に立ち現れる象徴的なものを媒介とした交流が、「生きたもの」として患者の人生に寄与してくるのである。

隔たりと生々しさの逆説

フロイトはカウチ設定のもつ隔たりを生む側面については、かろうじてその防衛的な要素だけを書き表すことができた。しかし、彼は隔離的側面のもつ生産的要素に触れることはできなかった。さらに彼はカウチの設定のもつ具体性と生々しさの側面について、まったく意識していなかった可能性がある。彼がラットマンに食事を与えた事実をあの有名な論文から削除したような、ある種の意識的無意識的な否認がここには働いているようである。いくぶんうがった見方をすれば、おそらく彼は自分の母子関係についての分析が不十分であった結果、自分が生み出した精神分析設定のもつ生々しさと直接性に十分に向き合うことができなかったのではないだろうか。それはおそらく彼が母親との世界を理想化して片付けていたこと、最早期の乳児的なこころを一次自己愛というある種の楽園として描き出しておしまいにしようとしたこととつながっているのではないだろうか。

カウチの設定のもつ直接性もしくは生々しさはこの設定の主要な要素であり、それは、この設定に含まれている、「見えないところ」にいるふたりの配置から来る隔たり、隔離の要素と対をなし、ひとつの逆説をなしている。精神分析の営みはある意味でこの逆説を生き抜くことである。こうしたカウチ設定の逆説性に支えられて、私は日々の臨床を営んでいる。

最後に生々しさと隔たりのありさまをかなり鮮明に描き出してくれる臨床の断片を呈示して、私はこの章を閉じたいと思う。この断片からは、私だけでなく患者も、隔たりと生々しさの逆説をじゅうぶんに生きていることがみてとれるだろう。

症例《クッション》

ある三十代半ばの独身女性の週一回のカウチを使ったセラピーが半年ほど続き、転移の様相が明瞭になってきた頃のセッションである。彼女は前半の時間を職場の話をすることに費やした。自分の職場の男性たちと話していると、彼らが女性との愛情関係を結局「やる」ことでしか考えていない気がすること、そして彼女の女性の同僚にも、自分の仕事上の利益のために平気で複数の男を天秤にかけて、ベッドを共にする女たちがいることを彼女は語っていった。彼女はそうした人々への軽蔑を口にした。しかし連想が進んでいくと、そうした人々と比べても彼女は「ダメでどうしようもない人間」であり、そうした女たちに比べても性的にも人間的にも魅力がない、という劣等感が語られた。この劣等感、「だめで汚い人間」としての自分、という考えに圧倒されていることが彼女の苦しみの中心であった。彼女はさらに悲観的に連想を続けた。

すこし沈黙があったあと、ちょうどセッションの半ば頃、彼女は夢を報告した。その夢にははじめてこの面接室が登場した。その夢のなかで、彼女が時間どおり私を訪れると、誰かと私が奥で会っており、そのことに気づいて彼女は、また来ます、と言って、ドアを閉めて帰って行くのだった。しかし、この夢についての連想は広がらなかった。再びいつものように「自分がいかにだめな人間であるか」という発展性のない連想が反芻されていった。その夢に含まれている私への愛情に向き合うことを彼女はためらっているようだ、と私は感じながら解釈を控えていた。

しかし、いよいよ面接時間が残り十分ほどになったところで、すこしの沈黙のあと、時間がもうすぐ来るのではないか、ここにいるときが一番幸せなときだから、と彼女は語り、口ごもりながら、私に好意のようなそういう感情をもつことはほんとに妙だと思うのだけれども、と言った。そうしたことはいままでも何度かほのめかされていたが、これほど明瞭に語ったのははじめてだった。治療時間の終わりに近づいてからようやくそのことを彼女が語ったことは、そのことについての私の反応と向き合うことが彼女には不安だからなのだろう、と私は感じた。言うだけ言ってさっさと帰りたい、というような気持ちなのだろう、と私は思った。やがて、彼女は、患者に好意を向けられて私が困ったことがあるだろうか、たとえば患者が号泣して私にすがりついたら私はどうするのだろうか、という空想を語った。その空想のなかで、私は（性的に興奮することなく）患者をやさしくカウチに戻すのだった。次に彼女は、ここが無人島で私と自分しかいなかったら、私が彼女に好意を向けるなどということがありえるだろうか、と連想した。ふとみると彼女はクッションを抱いていた。クッションを抱くことは彼女に安堵をもたらしているようだった。クッションは彼女をやさしくカウチに戻す非性愛的な私なのだろう、と私は感じていた。「クッションを抱いていると安心するみたいだね」と私は言った。

私のところからクッションを横抱きにしている彼女のいくぶん露出度の高い服装とそこからわずかに覗く豊かな胸の谷間が見えた。しかし彼女の性愛的なものにたいして、私にはこのとき十分なゆとりを感じていた。彼女は浮気する（他の誰かと奥で会っている）父親として私を体験しているが、それは私への性愛的感情に彩られた理想化によって防衛されている。子どもの頃の彼女の家庭は大変荒れていた。彼女は、父親が浮気をしたかもしれない、と現在疑っているが、当時彼女は彼を理想化していた。わるいのは母親だった。母親は彼女にとって「淫売」であった。その表現は父親が母親を罵ったときの言葉だった。母親は父親に愛されなかったことによって、彼女の思春期に破壊的な性愛に突き進んで行った時期があったのだった。その後夫婦は慢性の冷戦状態のなかで凍りついていた。彼女は母親を軽蔑していた。そして彼女にも、ひそかに思いを寄せていた年上の男性から冷淡にされたあと、いくぶん乱脈な性関係をもった時期があった。母親との同一化がたしかにあるが、彼女はその同一化を恐れている。彼女が一番恐れているのは、破壊的な性愛に走った母親に同一化するのではないか、ということなのだ。私はカウチの背後でそうしたことに思いめぐらせていた。

彼女はクッションを抱いたまま黙っていた。私は言った。「あなたは私を好きだということで、私があなたをきらいになって、夢のなかのように追い返されるのが心配なのでしょう。それは自分がお母さんのように『淫売』だと思われるのではないかと思っているからなのでしょう。でも同時にあなたは、私があなたと抱き合わないだろうということ、あなたがおかあさんのようにならなくてすみそうだということに安心してもいるのでしょう。だからクッションを安心して抱いていることができるのでしょうね。」

雰囲気がやわらかくなり、しばらくして彼女は言った。「こうしてクッションを抱いていると、お父さんの背中にくっついているみたい、でもそういうことがあったのかどうかわからないんですが。……先生がとても好きなのに、不思議だけど、ここでは先生を見てはいけないみたいな気がするんです。」くつろいだ沈黙が続いた。私は、「あなたがいくら好きでも見てはいけないようなそういう私のいるこの場所がとても安心だから、あなたはもっとここにいたいのでしょう、だからここの時間に終わりが来ることがつらいのでしょう」と解釈した。彼女は涙ぐんでいるようだった。数分の沈黙の後、時間になった。彼女はゆっくりと立ち上がり、料金を払ってある種の充足を漂わせながらドアを出て行った。

第十章　プライヴェートな営み、生きた空間

精神分析はもともと個人開業、プライヴェート・プラクティスの設定を基礎にして発展してきた。フロイトの実践がなされた面接室の写真はよく目にするが、きわめて濃厚な個人的趣味が支配するパーソナルな空間である。その陰翳に富んだ雰囲気は公共性からきわめて遠いドメスティックなものである。あの写真を見れば、患者の幼いときの両親が容易に分析の空間に生きて姿を現し、フロイトに転移というアイデアを懐胎させたことはごく自然なことのように感じられる。

日本における精神分析的臨床の創始者古澤平作の営みも、自宅での開業の形で行われていた。古澤の次の世代においても、たとえば土居健郎、小此木啓吾、佐藤紀子らが自宅でのプラクティスの経験をもっている。にもかかわらず、日本の精神分析運動の歴史は治療者がパーソナルにあつらえられた場から離れる方向で進んでいったと言えるだろう。私から見ると、このことの意味は十分に考察されてこなかったように思われる。

現在日本では、力動精神医学実践にせよ精神分析的な心理臨床にせよ、保険診療にせよ自費診療にせよ、セラピストは何らかの機関の構成員としてその機関の施設内で実践するのが普通になっている。そして、私たちが同業者集団のなかで学術的職業的に交流する際も、どこそこ大学やどこそこ病院やどこそこセンターの誰それとして交流する。たとえば学会誌に私たちの名前が載るときには所属を併記するのが通例である。このことは国際分析学会ＩＰＡの機関誌において、著者の氏名と住所が載っているのと対照的に見える。

もともと精神分析とは個と個とがかかわるものであった。私たちの実践は、中世の森の魔法使いのおばあさんの仕事の末裔と言えるだろう。ひそかにプライヴェートな悩みを抱えて、ひとびとはひっそりとプライヴェート・プラクティスを営んでいるおばあさんを訪ねたのである。精神分析のもともとの形である、このプライヴェート・プラクティスにおける毎日分析という事態は、いま日本で仕事をしている臨床家の想像を超えた事態である可能性がある。たとえば、毎日分析を実践していたフロイトの面接室には毎日同じ時間帯に同じ患者が来て、分析の時間をもち、帰っていった。したがって彼がある時点で抱えることのできた患者は、せいぜい七、八人しかいなかった計算になる。第七章でもとりあげたが、「分析治療の開始について」(Freud 1913) において、彼は無料治療に関する議論を展開しているが、そのなかでまずこう書いている。

> それ(無料治療)が意味するものは、分析家が生活費を稼ぎ出すために利用できる労働時間のかなりの部分、八分の一、ひょっとすると七分の一を、何カ月にもわたって犠牲にするということである。もし同時にもうひとつ無料治療を始めると、彼はすでに稼働能力の四分の一か三分の一を奪われたことになり、重大事故でこうむる損害に匹敵する損害をこうむるであろう。(p.132　筆者訳)

もちろん彼はすぐに、無料治療が「医者の犠牲を帳消しにするだけの利益を患者にもたらす」(p.132) かどうかに、つまり患者の利益の方に焦点を移して行っている。しかし私が注目したいのは、それでもなお彼が分析家の利益の方を先に書いたという事実である。彼は、彼にとって患者というものが他ならぬ生活の糧であるという点から料金問題を語り始めている。たった七人か八人の患者から得られる収入で彼と彼の家族が生活していた、という事実が、分析家と患者の距離の維持や分析家のパーソナルな側面の表出の抑制といったいわゆる中立性という戒律の背後に存在していた。そこに人間と人間との物質生活の基盤をかけた利害関係が生々しく存在していることを、フロイトがはっきりと見据えていたことを、私たちは忘れてはならないだろう。

病院の診察室の公共的で非人称的で影のない空間とフロイトの面接室の濃厚で私的で陰翳に富んだ空間とがそれぞれにもつ味わいは、実はその空間がどのように治療者のパーソナルな人生と関わっているかを反映しているのである。そうした空間の内実の相違はどのように分析的な営みの性質に、とくに転移体験に影響するのだろうか。ひとりの患者とのセラピーをその視点で検討してみよう。

臨床素材

症例《トイレと傘立て》

患者は独身の成人女性である。彼女の主訴は集中困難と職場での対人関係の苦しみだった。彼女のセラピーは四回の診断面接の後、自費で週一回という設定で、私が週に一日半部屋を借りていた開業のオフィスで始まった。オフィスには複数の面接室があったが、私の使う部屋は週の残りの日にはそのオフィスの経営者のひとりである別の臨床家に使用されていた。私は患者にカウチを勧めたが彼女はそれを拒み、セラピーは対面で開始された。

数カ月のうちに患者の全体像が明らかになってきた。診断面接のときほのめかされた強迫症状は彼女の全生活を浸していた。彼女は思春期に両親の寝室からの声を耳にし、自分が理想化してきた「この上なく美しい」母親が歓びをもって最も嫌悪すべき父親と交わっていることに衝撃を受け、以来父親を（母親でなく）忌避してきた。父親の触れたもの、身につけたもの、ひいては父親が彼女のアパートに電話をしてきたとき自分が着ていたものまでが汚染されるのであった。彼女は汚染された物を収納するためにもう一軒アパートを借り、汚染された物の管理のためにセッションに来るときも常に大荷物を抱えていた。

彼女はすでに恋愛関係を何度か経験していた。しかし、ある程度交際が深まっても、彼女は母親の言いつけを守って性関係をもとうとせず、ついに相手が焦れて彼女を放り出すというパターンが繰り返された。相手の男性はたいていエリートと目される人物であり、このことに若い頃出世街道を走りながらも挫折した父親の影を私は連想した。

この頃の面接場面では、患者はたいてい終始にこやかだった。だが同時に、話したいことを話してさっさと帰ってゆくといった感じもあった。彼女が私に何を期待しているのかわからない、という感覚が私にはつねに潜在的につきまとっており、その感覚がときおり浮かび上がって私に迫ってくると、いろいろと生活の具体的なことを尋ねたくなる感覚が起き、ときにそうすることもあった。しかし、いくら彼女から情報を引き出しても彼女と触れあえているという感覚は私のなかにまったく生まれなかった。ときおり、私が私と彼女のあいだにあるそうした一種不毛な関係性を強く意識し、そうした関係性に言及しても、彼女には何のことかわからないように見えた。

ときに私は彼女の語る迫害的な世界、すなわち職場でのあまりに無慈悲ないじめを語る彼女の語り口を、きわめて非現実的だと感じることがあった。彼女はそのようなときしばしば、そうした私のついていけなさを敏感にキャッチし、唐突に怒り出した。そのようなとき彼女は、このセラピーに何の意味も感じていない、私も彼女の迫害者と同じだ、と非難した。しかし、そういうときも彼女は次のセッションではいつもと変わらない様子で戻って来た。その独特のあっけなさもに私はまたもやついていけないものを感じ、取り残されたという思いにうちのめされるのだった。彼女と私のあいだで何か歴史が積み重なって、何かが生まれるようなことが起きることなどない、という絶望感が、私にとって彼女のセッションの時間のある種の背景体験として居坐るようになった。

このようにして半年がたった。私は何も進展の感覚もないことを自覚していた。その半年間、彼女は話したいことを話して帰り、私は取り残されていたに過ぎなかった。

＊

さて、この頃になってようやく私は、患者がほぼ毎回セッションの後トイレを使っていることを発見した。面接室から廊下に出るドアのところで私は彼女を見送っていたので、セッション後に彼女がトイレに立ち寄っていることにしばらく気づかなかったのである。というより、私にとってそのドアの向こうの廊下は「外の空間」「公共の空間」であった。その廊下に面したもうふたつの面接室では他の治療者が仕事をしており、その廊下をやたらに歩くわけにはいかなかったし、用事もないのにわざわざ自分の使っている面接室を出ることもなかった。そうした事情のために、その廊下の奥のトイレに彼女が入っていたことを私が察知するのに時間がかかったのだった。言いかえれば、彼女にとって無意識のなかで私の延長として体験されていたかもしれないトイレにまつわる彼女の体験に、私が開かれることは難しかったのである。

それでも彼女がトイレを頻繁に使うことに気づいてからは、ようやく私もセッション後の彼女の様子に気を配るようになり、ほぼ毎回廊下の奥のトイレに行く彼女の足音を聞いた。彼女とのあいだが深まらないことに意識的になっていた私は、彼女が毎回トイレに行くことを、彼女がセッションで私とのあいだに起きた何かを積み上げることによって私が彼女にとって重要な存在になることを恐れており、そのために彼女と私のあいだに生まれたものを流してしまう必要があるのだ、と理解した。私はその理解にそって解釈を与えてみたが、何の手応えもなかった。

＊

彼女のセラピーを始めて九カ月たった頃、私は自分のオフィスでのプライヴェート・プラクティスを開始した。彼女とのセラピーは私のオフィスに場所を移した。移ってきた当初から、彼女はやはりセッション後にほぼ毎回私のオフィスのトイレを使った。しかし以前の共有オフィスと状況は微妙だが本質的に違っていた。

新しいオフィスでは、面接室から廊下に開くドアを開けてすぐのところに、廊下に面してトイレがあった。玄関はその廊下の突き当たりに位置していた。私だけが使っているこのオフィスでは、廊下、トイレ、玄関までがすべて私のマネージする領域だった。セッション後の十分の休みのあいだにトイレをすませてもらえないと、玄関で彼女と次の患者が出くわす可能性が出て来るのだった。また私はセッションが終わったすべての患者を面接室のドアでなく、玄関まで見送ることにしていたから、彼女がトイレに行っているあいだ、私は彼女を所在無く待っている形になった。こうしたわけで、彼女がトイレに行くというできごとは私と彼女のあいだの間主体的なできごととして大きく私たちに浮かび上がって来ることになった。

私は彼女がトイレに行くたびにある種の煩わしさを体験した。彼女はトイレからすぐには出ていかなかったし、トイレから出てきても彼女は「汚いもの」を管理するため大荷物を抱えてきていたから、そうすぐには玄関から出て行かなかった。私にとって彼女は「交流の薄い手応えのない患者」から「トイレを必ず帰りに使う煩わしい患者」に変ったのだった。いまふりかえるとそれは、私と彼女のあいだの空間にはじめて彼女が生きて存在しはじめたということのように思える。しかし当時の私は、そのような考えを思いめぐらすゆとりもなく、料金の受け取り、領収書の手渡し、彼女のトイレ使用、荷物の世話という一連のできごとが次の患者の時間に食い込むのではないか、と絶えず気にかけているばかりだった。

この頃印象的なできごとがあった。オフィスを移って四カ月ほどした夏のある日、激しい夕立のなかを彼女がやって来た。彼女は靴をびしょびしょに濡らして玄関を入って来て、ずぶ濡れになった傘を傘立てに立てた。玄関で私は全身濡れている彼女のためにタオルを貸し、「大丈夫ですか」と声をかけたりしていた。しかし、彼女をそれなりに気遣いながら同時に、私には濡れた傘がどうしても気になり、これからびしょびしょの足が入るスリッパのことも気にかかって、いくぶん苛立っていた。私は我慢できず、思わず彼女に一声かけて傘を傘立てから出し、玄関の外の適当なところに引っ掛けた。そしてその後、彼女を面接室に招き入れながら私は、自分が一体何を苛立っていたのだろう、と不思議に思った。彼女の濡れた傘からしたたる雨水が傘立てに溜まったとしても何か問題があるだろうか。

そのとき私は、直観的に悟った。以前の共用オフィスで私が彼女がトイレに行くことについて触れた私の解釈は間違っていた。彼女は私とのことをどこかに流そうとしたのではなく、彼女の苦しみが私とのセッションでまったく処理されていないことを伝えようとして、それを私の<u>なか</u>に流し込もうとしたのだ。そして最近の私の不快は彼女が流し込むものによって自分が窒息しそうだという感覚によるものだ。このようなことを私は彼女とのセッションを始めながら考えていた。セッションの後で記録をまとめながら私は、かつて共用のオフィスで治療がもたれていたときは、私がトイレを私の一部であるという感覚をもてなかったことによって、私は彼女のコミュニケーションを受け取り損ねていたようだ、と明確に意識した。

*

ふりかえると、彼女のトイレの使用が私を排除して私との体験を流すためのものでなく、彼女の苦しみや穢れを私のなかに投げこむ具体的なコミュニケーションである、という理解が私に生まれたことは、この治療における大きな転回点になった。その後から、私と彼女のあいだは変化し始めた。その変化はおそらく、私の介入の内容よりも伝えかたやトーンの変化によってもたらされたものが大きかったように思える。私は彼女のトイレの使用そのものを解釈の素材に取り上げることはしなかったが、彼女が私を彼女の苦しみを受け取る存在として期待していること、そしてそのことを私が理解しているかどうかを不安に思っていることを解釈した。しだいに彼女のトイレの使用は私にとって煩わしいものでなくなっていった。それとともに彼女は、以前は当然のように機械的にトイレを使っていたのに、いろいろと言い訳をしたり、いくぶん恥ずかしげな感じを漂わせたりしはじめた。同時に、彼女の大荷物は面接室に持ち込まれなくなり、彼女はそれを玄関に置いて来るようになり、彼女はよりスムーズに玄関を出ることができるようになった。

この頃になって、彼女の連想のなかに、迫害的な男性群に混じって、迫害されている彼女を保護する男性たちの姿が見え隠れし始めた。そうした男性へのアンビバレントな愛着と接近も語られた。やがて彼女の連想のなかに、わずかだが、オフィスの調度や照明などがとても繊細で気にいっている、とか、部屋の掃除がいつも行き届いている、とか、この面接室でいままさに生まれたような連想、私の好ましさにつながる連想が現れてきた。このような動きは私からみると、彼女が生きた女性として立ち現れてきていることを表していた。彼女は私を生きた男性として意識し、たとえば見えない第三の女性が部屋を整えているといった空想が彼女のなかで動いているようでもあった。エディパルな情緒や空想が治療空間のなかに生きて棲みついてきたように私は感じた。

私のオフィスに治療の場を移して七カ月たった頃のあるセッションで、私は彼女に、誰かがこの部屋を整えたり、掃除したりしているような気がするのだろう、と解釈した。彼女は、でもここは先生だけしか使わないはずですよね、と答えた。この頃から、彼女のトイレを使う頻度は減ってきて、セッション終了時の彼女の儀式に私が圧迫され窒息している感覚はほとんどなくなってきた。その直後のセッションの終わり際、彼女はふと急に静かになって、ここのトイレは先生が掃除をしているんですよね、と尋ねてきた。私は、ここには私しかいないはずだと彼女が以前言っていたことに触れて、事実上肯定した。それは彼女がすでに知っていることを確かめているだけのように感じられたからであった。そして、私がこのオフィスをひとりで切り盛りしているという事実が治療設定の一部として彼女に明らかになることは、いわゆる中立性を揺るがせることではなく、生産的な意味をもつだろう、と私は感じてもいた。彼女は、そうか、そうですよね、と言って、珍しく何かを思いめぐらしているように沈黙した。

その直後のセッションで、彼女は久しぶりに男性を好きになったことを報告した。彼はいままでの男性と違って彼女を「大事にしてくれそうな」男性であり、エリートでもなかった。私は、私が便所掃除をしていることが彼女には驚きだったようだが、そのこととこの男性の出現には関係があるように感じられる、と解釈した。彼女はそれに対しすぐに、父親がまったく横暴で家事をせず、美しい母親を支配していることに納得がいかなかったことを連想した。そしてそのまま引き続いて、高校生のときに触れた原光景体験の暴力性を引き合いに出して、男性は暴力的にのみ美しい女性をかちとるしかないのだ、という考えを語った。便所掃除をする男性が一人前に仕事をするなんて考えたこともなかった、男の人の優しさがいままでまったく想像できなかった、と彼女は言うのだった。

このセッションのこの時点に唐突に、何カ月か前の夕立の日の傘と傘立ての一件が別の展望をもって私によみがえってきた。傘から滴る雨のしずくを傘立てに入れたくなかった私は、彼女の母親であり、彼女自身だった。すなわちその私は、父親との性器愛的な交わりを危険で汚らわしいものとして拒み、理想的な母娘関係のなかでだけ喜びを見出してくれるはずの彼女の願望空想のなかの母親であり、そしてそれに同一化している彼女自身だったのだ。私は彼女との交流のなかでいつしかそうした彼女自身、そして彼女が同一化している母親に同一化していたのだ。そしてその空想のなかでは父親のペニスは災厄の源であり、そこから滴るものは邪悪と破壊を具現しているのだ。成熟した男性のもつ力強さは生産的な優しさや気配りとは完璧に切り離されていた。思えば彼女の強迫症状における苦しみの源はいつも父親のもつ性的な力であり、それは彼女にとって必要な、彼女と母親の楽園的な共生関係を脅かすものでしかなかった。このようなことを私は思いめぐらせていた。

その次のセッションで彼女はカウチを使えるようになった。それは彼女が私という父親の前で父親の男性的な力に以前よりおびえることなくくつろげるようになったことを示していた。その証拠のように数週間後のセッションで彼女は、ここに寝ても緊張しなくなった、と語り、休日にくつろぐ父親と無邪気にいっしょに昼寝をした六歳以前の記憶を連想した。彼女はその穏やかさを不思議がりながら、懐かしいと語るのだった。

生々しい交流、皮膚感覚としての転移

この患者の治療の場がレンタル・オフィスから私のプライヴェート・プラクティスの場に移った後、転移がきわめて具体的に生き生きとしたものとして私に体験され、その体験が患者の内的世界の理解につながったことは一目瞭然であろう。より正確にいうなら、転移そのものというよりも私にとってのその体験のされかたが変化したと言える。いわばより直接的で皮膚に近い体験として体験され始めたということである。

フロイトは一九一二年の論文「転移の力動」（Freud 1912b）にこう書いている。

> 私たちの経験が示すことは、患者の自由連想が途絶えるなら、その停止は必ず、彼がその瞬間医者自身や医者とつながる何かと関係ある連想によって支配されているという断言によって取り除かれるということである。（p. 101　筆者訳）

私はかつてこの論文をはじめて読んだとき、フロイトがなぜこれほどまでに断定的に言いきれるのか、納得できない思いを抱いた。一九二一年になって、彼は「集団心理学と自我の分析」（Freud 1921）の脚注に次のように書く。

すべての分析経過に少なくとも一度は、いまこころにとりたてて何も思い浮かんで来ない、と患者が頑固に主張する瞬間がある。彼の自由連想は停止し、それを動かす通常の動因は効果を失う。しかし、分析家がそこにこだわり続ければ、患者は最後には自分が面接室の窓からの景色について、目の前に見ている壁紙について、天井からぶらさがっているガスランプについて考えている、と認めることになる。そのときすぐにわかることは、彼が転移のなかへ走り去り、治療者に関連するいまだ無意識の思考にかかわっているということである。(p.126 footnote　筆者訳)

ここでフロイトは、前の論文の「医者自身」ではなく、「医者につながる何か」の方に重点を置いている。その何かは分析の営みの置かれる空間の諸要素である。患者がそうした要素に触れるとき、すでに患者は転移のなかで生きているのであり、治療者についての無意識的思考にからめとられている、いわばそうした要素は治療者と等価なものとして扱われているのだ、と彼は断言する。この断定の強さにも私はかつて納得がいかなかった。

さて、私は最近週二回から四回までの比較的頻回の設定での実践の機会が増えている。週一回の場合と比べて最も印象的なことは、転移がきわめて具体的で触知可能なものになる感覚である。週一回のときに患者の連想、態度、雰囲気などの素材をいくぶん「無理に」「頭で」考えて転移と結びつける必要があるのに対し、頻回の場合転移はまさにそこにある具体的なものであり、それを無視することなど考えられないという感覚が生まれるのである。

このような転移についての感覚の違いは、プライヴェート・プラクティスでの実践と機関（共用オフィスなども含む）での実践とのあいだにおいても感じられるように思う。そもそも、面接室のなかの調度や小物、照明によってもたらされる明るさと陰翳、トイレと面接室との位置関係などは、単にセラピーを包み込む環境の役割を担うだけでなく、転移がそこに姿を現す際の素材、患者の「無意識的思考」の棲みつく場所になる。患者の無意識は、そうした具体物を治療者の延長として体験する。もちろん、こうしたことはプライヴェート・プラクティスでなくても、絶えず起きている。

だが、プライヴェート・プラクティスの場合、そうしたもののひとつひとつが治療者にとってパーソナルな歴史や空想と交流しているということが事態に決定的に影響する。そうした具体物のどれもが現実的にも治療者が選び、購入し、配置したものである。治療者にとってそうした家具や調度やはたしかに彼が自分の好み、パーソナルな文化と歴史にもとづいてあつらえた（空想のなかでは創造した）ものである。こうして、家具や調度は単に患者の空想のなかで治療者の延長であるだけでなく、治療者の空想のなかでも治療者の延長である。そのため、患者がそうした具体物に向けた転移的な感情、具体物に宿った患者の転移的思考は、治療者にとって極度に身近に、かつ具体的に体験されることになる。それは皮膚感覚や内臓感覚ほどの迫真性を帯びることがあるように思える。

共用オフィスでの私は、彼女がセッション後にトイレに行くことが私との体験を洗い流してしまうことであると理解していた。私がいまの時点で感じるのは、その理解が主に知識体系としての精神分析の参照によって私に生まれたものであったということである。私はその理解を「頭で」ひねり出したに過ぎなかった。つまり、それは「知られる」転移であって「感じられる」転移ではなかった。つまり、私は彼女の転移を「生きて」いなかったのである。私の解釈が彼女に響かなかったのは、そのためだろう。しかし、私の個人オフィスに移ってから、トイレは私の領分になった。そこに公共の空間が介在しないために、彼女が毎回トイレに行くことは、私をなまに揺さぶることになった。つまり、彼女がトイレに行くことは私にとって他人事ではなく、抜き差しならない切迫性を帯びたものになった。私はここにいたって、かつてどうにも理解できなかったフロイトの断言が、こうした身体感覚に近いところでの確信を背景においていることを了解したのである。

この事態は精神分析という営みのもつ基本的な逆説と符合している。精神分析とは最終的に自らを知ることに向かう営みである。しかしそこにはふたりの人間の情緒的交流が存在し、知ることはふたりの交わりの過程の結果として生じるものである。このことは次のように言い換えられるであろう。知ることとは対極的でさえある、生々しい感情を体験することこそが知ることの源なのである。情緒的な交流に裏打ちされていない知は、単に頭でひねり出したものであり、ある意味では「知ったかぶり」であり、真に「知る」ことから私たちを隔てるだろう。プライヴェート・プラクティスにおいて体験される治療空間の構成要素の迫真性と生々しさは、「知る」ことを目指す精神分析の営みが陥りがちな、「知ったかぶり」からその営みを保護しているのだと考えられる。

二者関係と三者関係を媒介する場所

プライヴェート・プラクティスでの転移体験のもつ特徴にはこの、転移がより生々しく体験されるという側面以外にも重要なことがある。それは患者のエディプス的な布置が治療状況に活性化する際の影響が、独特なものになるということである。

ある機関というものを背景に分析的営みをするとき、そこには患者と治療者と機関という三角形が存在する。そこにはある種の法が機能している。公と私とは明瞭に区別され、第三者性が鮮明に成立している。患者と治療者は明瞭な第三者としての機関をあいだに挟んで向き合っている。こうして、きれいに輪郭付けられた三角形の外的構造のなかで分析的な営みが営まれる。

もともと、分析家は自分の恣意や趣味にもとづいて分析を営んでいるわけではない。分析家はひとつの文化としての精神分析を媒介として患者と関わっている。時間と空間の設定の意義、臨床事実をどのように体験しどのようにそれを扱うのか、何よりもその場にどのように存在しようとするのか、そうしたことを分析家は長い訓練の期間を経て体得する。精神分析という文化は分析家にとってパーソナライズされてはいるが、しかし、やはりある種の規範であるという意味で外在性をも帯びている。一方、患者はそうして文化を内在しないまま分析の営みに参加している。したがって、分析という営みは患者にとって、当初は精神分析という文化になじむという課題を中心に展開しているとも言えるかもしれない。患者は二者関係として分析の営みを捉えやすい。分析家も患者の強力な圧力のもとにしばしば二者関係的、鏡像的な世界に囚われて、「考える」ことから隔てられがちである。このことが本書で何度も取り上げてきた「恐ろしい『それ』」であり、こころの空間の剥奪された事態である。

治療の外的構造が分析家のパーソナルなものと離れている場合、外的機関でおこなわれるとき、一見安全にことが進むであろう。ところがプライヴェート・プラクティスの場合、ことはそのように運ばない。分析家が「考えられなく」なったときに依拠すべき外部、第三者はそれほど明瞭な外在性を帯びていない。三者性はたやすく二者性に侵食される。分析家が恣意や好みを持ち込みやすくなる。父親はいつのまにか母親になる。それは子どもが母親との二者的な世界から、性愛というものの納まる場所を求めてエディパルな三角形の構造を生み出す、という精神分析にとって本質的な過程のなかで、ある意味で移行的な領域をかたちづくる。

患者のトイレ使用について私が体験したある種の閉所恐怖的な充満感、窒息感は、当初、患者の排出した苦しみを受け取る容器、英国のクライン派児童分析家メルツァーのいうトイレット・ブレスト（トイレとしての乳房）

(Meltzer 1967) に私が同一化していたことを示しているだろう。夕立の午後に、傘と傘立てにまつわる体験を媒介にして私は自分のトイレット・ブレストとの同一化を知った。しかし、私は後になって、その同じ体験が、悪いペニスを拒む母親の膣／患者の膣に私のこころの空間が同一化していたことにも関連があることに思い至る。ここにはわるいものの排泄と処理という前エディプス的で二者的で母子関係的な関係性と、父親のペニス／性愛を娘がどのように体験するのかというエディプス的で三者的で性器愛的な関係性とが同時に姿を現している。この治療空間のなかのトイレと傘立てはいずれも、それらきわめて異質なふたつの関係性が同時に棲みつく場所であったし、そのふたつを媒介してもいた。それはひとことでいって移行的な場所なのである。

この非性器的で二者関係的なものと性器的で三者関係的なものとが共存する移行的な場所の出現は、私の考えるには、精神分析的営みの本質につながる重要な現象である。それは患者のこころのなかの、ふたつの関係性を同時に容れる領域の外在化である。外的な場所やものを棲家にして、ふたつの関係性は「生きている」手ごたえを獲得する。その移行的な体験世界をとおして、彼女はより成熟した女性として、生産的なペニスを体験する可能性に開かれた。プライヴェート・プラクティスという設定がこうした移行的な領域が姿をあらわす場所に具体的な形を与えやすいということは、精神分析の本来の営みに寄与する可能性があるように思う。

ある機関に属し、そこで患者と営みをもつことは、あらかじめ輪郭づけられた第三者性をそこに含み込むことになる。媒介項があらかじめ存在し、客観性のようなものが背景にあるという感覚をもてることに、治療者は安堵するであろうし、自分の実践の支えを見出すであろう。そしてもちろん、そこでも分析的営みはじゅうぶんに生まれ得るだろう。しかし、私の考えでは、もし治療者がその安心に「安住する」とすれば、治療者は精神分析の本質的な部分から身をかわすことになるのかもしれない。精神分析の本質とは、たとえば個人開業実践のもつ一対一の生々しさ、具体性、直接性から、中立性、間接性、媒介性を生みだし、安定した第三者性を成立させることである、と私は思う。

フロイトが腐心したのはまさにそのことであった。眼の前に一人の人間が自分の差し出したカウチに横たわり、帰った後、具体的な温もりや臭いや触感のようなものを残す、直接性に向けて開かれた設定をフロイトが作り出し、それを分析家たちが維持してきたことの意味に、私たちは思いを馳せる必要があるだろう。言葉と言葉のやりとり、解釈を媒介とした間接的交流を重視すればするほど、そして「中立性」を強調する構えをとればとるほど、逆にその営みが具体的で生々しい現実的関係を基盤にしている必要がある可能性を私たちは心に留めるべきなのかもしれない。

おわりに

ともあれ、私はプライヴェート・プラクティスを自分の臨床の場所として選択してしまった。より「精神分析らしい」営みに自分を近づけられるのではないか、と直観したからである。この章はそうした私の選択の根拠を何とか形にしたいという個人的努力でもあるだろう。

近い将来に日本で多くの分析的臨床家がプライヴェート・プラクティスの設定を用いることは、さまざまな状況が許さないであろうし、そうなることが望ましいことなのかどうかも議論の余地がある。ただ、忘れてはならないことは、私たちが日々参照するフロイト以来の膨大な文献の背景のほとんどを占めるのが、プライヴェート・プラクティスの実践であること、そしてその事実が精神分析という営みの成立に本質的な寄与をなした可能性があることである。

あとがき

この本は学問的な関心の下に書かれたのですが、精神分析はどうしても分析家の人生を巻き込むものなので、私のパーソナルな人生がそこに浮かび出てくることはある程度避けられません。

この本のもとになっている論文を書いたこの十年、私は徐々に力動的な精神科医であることから精神分析家であることのほうに重心を移していきました。そのあいだに私は一通りの訓練を修了して、自分を精神分析家と呼ぶことを許されるようになり、神宮前でプライヴェート・プラクティスを始め、そこを自分の中心的な実践の場に定めました。また医学部でなく、心理学科というところで若い人を教えることも始めました。

精神分析という文化がいまの日本で生き続けることができるのかどうか、私は疑いをもっています。それは時代が、そして社会が決めてくれるでしょう。しかし私はといえば、精神分析の営みをひとのこころの不思議に触れる本物の実践だと考えています。恩師の土居健郎先生の言葉を借りれば、それは「サブスタンスのある」営みです。生物学的な治療がいくら進んでも、人が自分の主観的なこころをもうひとりの人とのあいだで繰り広げ、深い交わりをもつことを求めること、それを通じてもっと人間的に生きることに開かれることを望むことをやめるとは思えません。そのような求めと希望に応えることのできる専門的で職業的な営みとして、精神分析が生き続けることに貢献したい、と私はいま明確に思っています。

この本が少しでもオリジナルなものを含んでいるとすれば，私がその志に鼓舞されているからだと思います。

この本は私にとって最初のモノグラフだといってよいものです。私をここまで導いてくださった多くの方々にはどれほど感謝を捧げても足りないと思います。その方々の名前をすべて挙げることはできませんが，そのうちの何人かの方々に感謝の言葉をしたためたいと思います。

私を精神分析に出会わせてくださった土居健郎先生に感謝します。先生は精神分析的な交流の本質に眼を開くことを助けてくださっただけでなく，臨床家としてどう生きるか，そして臨床家がものを語り，ものを書くとはどういうことか，さらに人間として正直であるということはどういうことかを，身をもって教えてくださいました。

私のもうひとりのスーパーバイザーである狩野力八郎先生に感謝します。先生のひとを育む繊細な気遣いと，現実を踏まえながら本質的な思索を維持する態度，そしてそうしたものを身にまとうときのさりげなさを少しでも学べたらといつも思ってきました。

私の個人分析をしてくださったふたりの先生にこころから感謝します。細かいことは語りませんが，私がいまここにいるのはその先生方のおかげです。

日本精神分析協会に属している精神分析家の諸先生には，ほぼ全員の先生に恩義を感じています。とりわけ，精神分析セミナーを介して私を精神分析の勉強に最初に導いてくださった小此木啓吾先生，いっしょに運営させていただいている系統講義などで中間領域と創造性に関してつねに刺激を与えてくださる北山修先生，主宰されていたセミナーに参加させていただき，生きた対象関係論へと目を開いてくださった衣笠隆幸先生，そして筆の遅い私に温かいお言葉でものを書くことを絶えず勧め，書いたものにレスポンスを下さって励ましていただいた松木邦裕先生に感謝いたします。

そして、私の前に姿を現し、私との真摯な営みを通じて、生きていることのユニークな形を私に開示していただいた患者諸氏に敬意と感謝を捧げます。また、この本で発展させることのできたアイデアが育つときに触媒になってくれたスーパーバイジー諸氏、聞き手としてそのアイデアが形をとるのを助けてくれた、私のかかわってきたいくつかのセミナーや研究会のメンバー諸氏にも深く感謝いたします。

またこの本を生みだすときに気の長い産婆になって下さった岩崎学術出版社の長谷川純氏に感謝します。表紙カバーのユージン・スミスの写真は私のオフィスの玄関にあるものですが、昨年十一月にこの写真を表紙に使いたいと私が言い出してから使えることがわかるまで長谷川氏にたいへん尽力していただいたことは忘れられません。

そして最後に、私の長い訓練を支えてくれただけでなく、いつも安らぎを与えてくれている家族、緑と咲にもこころからの感謝を捧げたいと思います。

フロイトも見し暗澹を昼すがら寝椅子のうへに編み上げほどきて

二〇〇三年　初夏の神宮前にて

藤山直樹

初出一覧

第一章　書き下ろし。

第二章　個人、関係、空間　日本精神分析学会第四一回大会（指定討論演題）における発表（一九九五）を大幅に加筆、改稿。

第三章　自己愛人格の心理療法――治療者の体験の視点から　馬場禮子、福島章、水島恵一編『臨床心理学大系、十九　人格障害の心理療法』八七―一〇四頁、金子書房（二〇〇〇）を改稿。

第四章　ものが単なるものでなくなること――わからないこと、生きていること、開かれること　精神分析研究、四五巻十八―二四頁（二〇〇一）を改稿。

第五章　ひきこもりについて考える　精神分析研究、第四三巻一三〇―一三七頁（一九九九）を改稿。

第六章　エディパル、プレエディパル、心的な空間　精神分析研究、三八巻一四八―一五六頁（一九九四）を改稿。

第七章　中立性についての断片――「技法論文」（Freud, S.）に学ぶ　精神分析研究、四六巻一五四―一五九頁（二〇〇二）を改稿。

第八章　共感――不可能な可能性　氏原寛、成田善弘編『共感と解釈』二二一―二三九頁、人文書院（一九九九）を改稿。

第九章　カウチ、隔たりと生々しさの逆説　日本精神分析学会第四七回大会教育研修セミナー「カウチ再考」での発表（二〇〇一）を加筆、改稿。

第十章　プライヴェートな営み、生きた空間　日本精神分析学会第四六回大会（指定討論演題）における発表（二〇〇〇）を加筆、改稿。

文　献

Balint, M., Balint, A. (1939). Transference and countertransference. Int J Psychoanal 20: 223–230.

Bion, W. (1956). Development of schizophrenic thought. Int J Psychoanal 37: 36–43.

Bion. W. (1957). Differentiation of the psychotic from the non-psychotic personalities. Int J Psychoanal 38: 266–275

Bion, W. (1962a). Learning from Experience. Heinemann, London.（福本修訳『精神分析の方法Ⅰ』法政大学出版局、東京、一九九九。）

Bion, W. (1962b). A theory of thinking. Int J Psychoanal 43: 306–43.

Britton, R. (1989). The missing link: parental sexuality in the Oedipus complex. In Steiner, J. (ed.): The Oedipus Complex Today. Karnac, London, 1989.

Burness, E. Fine, B. D. (ed.)(1990). Psychoanalytic Terms and Concepts. The American Psychoanalytic Association.（福島章監訳『アメリカ精神分析学会　精神分析辞典』新曜社、一九九五。）

Fairbairn, W. R. D. (1952). Psychoanalytic Studies of the Personality. Routledge, London.

Freud, A. (1965). Normality and pathology in Childhood: Assessments of Development. International University Press, New York, 1965.

Freud, S. (1905). Fragment of an analysis of a case of hysteria. S.E.7.（細木照敏、飯田真訳『あるヒステリー患者の分析の断片』フロイト著作集５、人文書院、京都、一九六九。）

Freud, S. (1909). Analysis of a phobia in a five-year-old boy. S.E.10.（高橋義孝、野田倬訳『ある五歳男児の恐怖症分析』フロイト著作集５、人文書院、京都、一九六九。）

Freud, S. (1911–1915). Papers on Technique. S.E.12.

Freud, S. (1912a). Recommendation to physicians practising psycho-analysis. S.E.12.（小此木啓吾訳『分析医に対する治療上の注意』フロイト著作集９、人文書院、京都、一九八三。）

Freud, S. (1912b). The dynamics of transference. S.E.12.（小此木啓吾訳『転移の力動性』フロイト著作集９、人文書院、京都、一九八

三。)

Freud, S. (1913). On beginning the treatment. S.E.12.（小此木啓吾訳『分析治療の開始について』フロイト著作集9、人文書院、京都、一九八三。)

Freud, S. (1914). Remembering, repeating and working through. S.E. 12.（小此木啓吾訳『想起、反復、徹底操作』フロイト著作集6、人文書院、京都、一九七〇。)

Freud, S. (1916–1917). Introductory lectures on psycho-analysis. S.E.15.（高橋義孝、懸田克身訳『精神分析入門』フロイト著作集1、人文書院、京都、一九七一。)

Freud, S. (1921). Group psychology and the analysis of the ego. S.E.18.（小此木啓吾訳『集団心理学と自我の分析』フロイト著作集6、人文書院、京都、一九七〇。)

Freud, S. (1923). Two encyclopedia articles. S.E. 18.

藤山直樹（一九九二）去勢不安の処理の過程について――「移行的な三角形」に着目して　精神分析研究、三六巻十七―二七頁。

藤山直樹（一九九三）原光景幻想の治療的あらわれと変形　精神分析研究、三七巻四九三―五〇四頁。

藤山直樹（一九九四）エディパル、プレエディパル、心的な空間　精神分析研究、三八巻一四八―一五六頁。

藤山直樹（一九九五）個人、関係、空間　精神分析研究、三九巻二九二―二九四頁。

藤山直樹（一九九六）「私」の危機としての転移／逆転移　氏原寛、成田善弘編『転移／逆転移――臨床の現場から』人文書院、京都、一九九六。

藤山直樹（一九九九）精神分析的実践における支持について考える　精神分析研究、四三巻五一四―五二〇頁。

藤山直樹（二〇〇〇ａ）精神分析が精神病理学に投げかけるもの　臨床精神病理、二一巻四三―一五一頁。

藤山直樹（二〇〇〇ｂ）教育分析　氏原寛、成田善弘編『臨床心理学3　コミュニティ心理学とコンサルテーション・リエゾン』培風館、東京。

藤山直樹（二〇〇三）プロセスノートを書くという営み　精神分析研究、四七巻一四七―一五二頁。

Gabberd, G.O. (1989). Two subtypes of narcissistic personality disorder. Bull Menninger Clin 53: 527–532.

Green, A. (1975). The analyst, symbolization and absence in the analytic setting. Int J Psycho-Anal 56: 1–22.

Grotstein, J.S. (1978). Inner space: its demension and its co-ordinates. Int J Psychoanal 59: 55–61.

狩野力八郎、近藤直司編（二〇〇〇）青年のひきこもり　岩崎学術出版社、東京。

北山修（一九八九）自虐的世話役について　精神分析研究、三三巻九三―一〇一頁。

Klein, M. (1932). The effect of early anxiety situation on the sexual development of the girl. W.M.K.2.

Klein, M. (1945). The Oedipus complex in the light of early anxieties. W.M.K.1.

Klein, M. (1946). Notes on some schizoid mechanisms. W.M.K.4.

Meltzer, D. (1967). The Psycho-Analytical Process. Clunie, London.

Money-Kyrle, R. (1956). Normal counter-transference and some of its deviations. Int J Psychoanal 37: 360–366.

野沢芳美（一九九三）共感　加藤正明ら編『新版精神医学事典』弘文堂、東京。

Ogden, T.H. (1985a). On potential space. Int J Psychoanal 66, 129–141.

Ogden, T.H. (1985b). The mother, the infant, and the matrix : Interpretation of aspects of the work of Donald Winnicott. Contemp Psychoanal 21: 346–371.

Ogden, T.H. (1986). The Matrix of the Mind.（狩野力八郎監訳・藤山直樹訳『こころのマトリックス――対象関係論との対話』岩崎学術出版社、東京、一九九六。）

Ogden, T.H. (1986b). Instinct, phantasy, and psychological deep structure in the work of Malanie Klein. In The Matrix of the mind. Aronson, Northvale, 1986.

Ogden, T.H. (1987). The transitional Oedipal relationship in female development. Int J psychoanal 68: 485–498.

Ogden, T.H. (1994). The analytic third: working with intersubjective clinical facts. Int J Psychoanal 75: 3–20.

Ogden, T.H. (1995). Analyzing forms of aliveness and deadness of the transference-countertransference. Int J Psychoanal 76: 695–709.

Ogden, T.H. (1997). Reverie and interpretation. Psychoanal Q 66: 567–595.

Rosenfeld, H. (1987). Impasse and Interpretation. Tavistock, London.

Sandler, J. (1976). Countertransference and role-responsiveness. Int Rev Psychoanal 3: 43–47.

Segal, H. (1957). Notes on symbol formation. Int J Psychoanal 38: 391–397.

Segal, H. (1991). Dream, Phanasy and Art. Routledge, London, 1991.（新宮一成他訳『夢・幻想・芸術』金剛出版、東京、一九九四。）

Winnicott, D.W. (1947). Hate in the countertransference. In Through Peadiatrcs to Psyocho-Analysis., Basic Books , New York, 1975.（北山修監訳『児童分析から精神分析へ』岩崎学術出版社、東京、一九九〇。）

Winnicott, D.W. (1952) Psychosis and child care. In Through Peadiatrcs to Psyocho-Analysis., Basic Books , New York, 1975.（北山修監訳『児

童分析から精神分析へ』岩崎学術出版社、東京、一九九〇。）
Winnicott, D.W. (1954). Metapsychological and clinical aspects of rgression within the psycho-analytical set-up. In Through Peadiatrcs to Psyocho-Analysis. Basic Books , New York, 1975.（北山修監訳『児童分析から精神分析へ』岩崎学術出版社、東京、一九九〇。）
Winnicott, D.W. (1956). Primary maternal preoccupation. In Through Peadiatrcs to Psyocho-Analysis., Basic Books , New York, 1975.（北山修監訳『児童分析から精神分析へ』岩崎学術出版社、東京、一九九〇。）
Winnicott, D.W. (1958). The capacity to be alone. Int J Psychoanal 39: 416–420.
Winnicott, D.W. (1960). Ego distortion in terms of true and false self. In The Maturational Processes and the Facilitating Environment. Hogarth, London, 1965.（牛島定信訳『情緒発達の精神分析理論』岩崎学術出版社、東京、一九七七。）
Winnicott, D.W. (1962). Ego integration in child development. In The Maturational Proces and the Facilitating Environment. Hogarth, London, 1965.（牛島定信訳『情緒発達の精神分析理論』岩崎学術出版社、東京、一九七七。）
Winnicott, D.W. (1963). Communicating and not communicating leading to a study of certain opposites. In The maturational Processes and the Facilitating Environment, Hogarth, London, 1965.（牛島定信訳『情緒発達の精神分析理論』岩崎学術出版社、東京、一九七七。）
Winnicott, D.W. (1968). The use of an object and relating through cross identifications. In Playing and Reality. Basic Books, New York, 1971.（橋本雅雄訳『遊ぶことと現実』岩崎学術出版社、東京、一九七九。）
Winnicott, D.W. (1971a). Playing: creative activity and the search for the self. In Playing and Reality, Basic Books, New York.（橋本雅雄訳『遊ぶことと現実』岩崎学術出版社、東京、一九七九。）
Winnicott, D.W. (1971b). The place where we live. In Playing and Reality, Basic Books, New York.（橋本雅雄訳『遊ぶことと現実』岩崎学術出版社、東京、一九七九。）
Winnicott, D.W. (1971c). Dreaming, fantasying, and living. In Playing and Reality, Basic Books, New York.（橋本雅雄訳『遊ぶことと現実』岩崎学術出版社、東京、一九七九。）
Winnicott, D.W. (1971d). Playing and Realty. Routledge, New York, 1989.（橋本雅雄訳『遊ぶことと現実』岩崎学術出版社、東京、一九七九。）

ま行

や行

ら行

わ行

な行

は行

た行

さ行

事項索引

あ行

か行

人名索引

著者略歴

藤山直樹（ふじやま　なおき）
1953年　福岡県に生まれる。幼少期を山口県の瀬戸内海岸で育つ
1978年　東京大学医学部卒業
その後，帝京大学医学部助手，東京大学保健センター講師，日本女子大学人間社会学部教授を経て
現　在　上智大学名誉教授，
東京神宮前にて個人開業。
国際精神分析学会（IPA）訓練精神分析家，日本精神分析協会運営委員
専　攻　精神分析
著訳書　心のゆとりを考える（日本放送出版協会），転移－逆転移（共著，人文書院），「甘え」について考える（共編著，星和書店），オグデン＝こころのマトリックス（訳，岩崎学術出版社），サンドラー＝患者と分析者［第2版］（共訳，誠信書房），現代フロイト読本1・2（共編著，みすず書房），集中講義・精神分析 上・下，続・精神分析という営み，精神分析という語らい（以上岩崎学術出版社）他
URL: http://www.fujiyamanaoki.com/

精神分析という営み
―生きた空間をもとめて―
ISBN978-4-7533-0305-2

著　者
藤山 直樹

発　行
2003 年　8 月　5 日　第 1 刷
2023 年　8 月 26 日　第 7 刷

印刷　㈱双文社印刷　／　製本　㈱若林製本工場

発行　㈱岩崎学術出版社　〒101-0062　東京都千代田区神田駿河台 3－6－1
発行者　杉田 啓三
電話　03（5577）6817　FAX　03（5577）6837